"十二五"普通高等教育车辆工程专业规划教材

Qiche Kongqi Donglixue
汽车空气动力学

胡兴军 主 编
杨 博 王靖宇 娄 艳 副主编
范士杰 主 审

人民交通出版社

内 容 提 要

本书以汽车空气动力学理论及其相关的流体力学基础为出发点,详细介绍了轿车、客车及载货汽车等车型的气动特性,汽车尘土污染及气动噪声等汽车空气动力学专题,汽车发动机冷却及驾驶室通风等内流问题,汽车空气动力学试验技术及汽车空气动力学数值计算等问题。本书既有理论分析又有应用实例,叙述较为系统全面,为学生提供了汽车空气动力学理论及试验所必需的专业基础知识。

本书是高等院校汽车相关专业教材,也可供从事汽车设计、车身造型设计及汽车空气动力学试验、研究的工程技术人员参考使用。

图书在版编目(CIP)数据

汽车空气动力学/胡兴军主编.— 北京:人民交通出版社,2014.2
ISBN 978-7-114-11136-5

Ⅰ.①汽… Ⅱ.①胡… Ⅲ.①汽车—空气动力学 Ⅳ.①U461.1

中国版本图书馆 CIP 数据核字(2014)第 011140 号

"十二五"普通高等教育车辆工程专业规划教材

书　　名:	汽车空气动力学
著 作 者:	胡兴军
责任编辑:	夏　韡
出版发行:	人民交通出版社
地　　址:	(100011)北京市朝阳区安定门外外馆斜街 3 号
网　　址:	http://www.ccpress.com.cn
销售电话:	(010)59757973
总 经 销:	人民交通出版社发行部
经　　销:	各地新华书店
印　　刷:	北京市密东印刷有限公司
开　　本:	787×1092　1/16
印　　张:	9
字　　数:	231 千
版　　次:	2014 年 3 月　第 1 版
印　　次:	2018 年 4 月　第 2 次印刷
书　　号:	ISBN 978-7-114-11136-5
定　　价:	22.00 元

(有印刷、装订质量问题的图书由本社负责调换)

"十二五"普通高等教育车辆工程专业规划教材

编委会名单

编委会主任

龚金科(湖南大学)

编委会副主任(按姓名拼音顺序)

陈　南(东南大学)	方锡邦(合肥工业大学)	过学迅(武汉理工大学)
刘晶郁(长安大学)	吴光强(同济大学)	于多年(吉林大学)

编委会委员(按姓名拼音顺序)

蔡红民(长安大学)	陈全世(清华大学)	陈　鑫(吉林大学)
杜爱民(同济大学)	冯崇毅(东南大学)	冯晋祥(山东交通学院)
郭应时(长安大学)	韩英淳(吉林大学)	何耀华(武汉理工大学)
胡　骅(武汉理工大学)	胡兴军(吉林大学)	黄韶炯(中国农业大学)
兰　巍(吉林大学)	宋　慧(武汉科技大学)	谭继锦(合肥工业大学)
王增才(山东大学)	阎　岩(青岛理工大学)	张德鹏(长安大学)
张志沛(长沙理工大学)	钟诗清(武汉理工大学)	周淑渊(泛亚汽车技术中心)

前　言

随着汽车行业的飞速发展，世界能源形势日益严峻，石油价格不断上涨，提高汽车的燃油经济性成为整个汽车行业面临的重要课题。汽车空气动力学特性对汽车的动力性、经济性、操纵稳定性和乘坐舒适性都有重要影响，降低汽车的气动阻力是改善汽车燃油经济性的重要前提。

汽车空气动力学专家从航空空气动力学等相关学科获得启发和经验，再结合汽车自身的特点，在汽车空气动力学领域取得了巨大的成就。随着研究工作的日益深入，汽车空气动力学已经逐渐发展成了一门非常重要的独立学科。在现在激烈的汽车市场竞争中，具有最佳气动外形造型的汽车才更具生命力，因此可以说在汽车空气动力学方面的挑战是汽车面临的首要问题。

本书以汽车空气动力学理论及其相关的流体力学基础为出发点，详细介绍了几种车型的外形气动特性、汽车尘土污染及气动噪声等汽车空气动力学问题，汽车发动机冷却及驾驶室通风等内流问题，汽车空气动力学试验技术及汽车空气动力学数值计算等问题。本书参考了大量国内外专业资料，并结合近年来大量的气动造型设计的案例，既有理论分析又有应用实例，叙述较为系统全面。

本书的主编胡兴军副教授是吉林大学汽车工程学院的车身系专业教师及博士生导师，具有多年的汽车空气动力学教学经验及空气动力特性设计的实际经验。参加本书编写的还有杨博副教授、王靖宇副教授以及娄艳老师。

全书共9章，胡兴军副教授编写第1、5章，杨博副教授编写第6、9章，王靖宇副教授编写第3、4章，娄艳老师编写了第2、7、8章。

本书由范士杰高工主审，他对本书的初稿进行了认真审阅，并提出了宝贵的修改意见。本书编写过程中还得到了吉林大学汽车工程学院车身系从事汽车空气动力学教学的前辈老师的倾心指导。本书还得到了汽车空气动力学方向的朱云云、常静、王艳、杨博以及岳磊等多位研究生的大力支持。在此深表感谢。

限于编者水平，本书无论在体系还是内容上，都难免存在错误和不足，恳请广大读者给予指正，并希望广大读者能多提宝贵意见，以便本书修订时得到补充和提升。

编　者
2013年10月

目 录

第1章 绪论 ········· 1
1.1 汽车空气动力学的作用 ········· 1
1.2 汽车空气动力学的发展 ········· 2
1.3 汽车空气动力学的研究范围 ········· 10
1.4 汽车空气动力学的发展趋势 ········· 12
练习题 ········· 15

第2章 流体力学基础 ········· 16
2.1 流体的性质 ········· 16
2.2 流体静力学 ········· 20
2.3 流体动力学 ········· 24
2.4 管中流动 ········· 31
2.5 边界层 ········· 33
2.6 流场、流线和流谱 ········· 34
练习题 ········· 35

第3章 汽车空气动力学概述 ········· 36
3.1 气动力和力矩 ········· 36
3.2 气动力对汽车性能的影响 ········· 37
3.3 汽车的气动阻力分类 ········· 42
3.4 汽车的流场及流场参数 ········· 49
3.5 汽车空气动力学的特点 ········· 55
练习题 ········· 56

第4章 轿车气动特性研究 ········· 57
4.1 轿车外形与气动阻力的关系 ········· 57
4.2 减小气动升力的主要措施 ········· 69
4.3 汽车总体参数对气动力的影响 ········· 75
4.4 轿车气动设计的整体趋势 ········· 76
练习题 ········· 78

第5章 商用车的气动特性研究 ········· 79
5.1 引言 ········· 79
5.2 大客车的气动特性 ········· 80
5.3 国产轻型客车的气动特性分析 ········· 81
5.4 货车的气动特性 ········· 83

5.5　货车空气动力附加装置 85
　　练习题 88

第6章　汽车尘土污染及空气动力噪声 89
6.1　汽车尘土污染 89
6.2　汽车气动噪声 92
　　练习题 97

第7章　汽车发动机冷却性能及驾驶室通风特性 98
7.1　发动机冷却系统分析 98
7.2　发动机冷却系统的设计原则 99
7.3　驾驶室的通风特性 100
　　练习题 101

第8章　汽车空气动力学试验 102
8.1　概述 102
8.2　汽车空气动力学试验的基本方法 104
8.3　汽车风洞 106
8.4　汽车风洞实验技术 110
8.5　风洞试验测量仪器 114
8.6　流态显示试验方法 118
8.7　汽车风洞试验模型 120
8.8　汽车空气动力学道路试验 122
　　练习题 123

第9章　汽车空气动力学数值模拟 124
9.1　CFD概述 124
9.2　汽车空气动力学数值模拟流程 124
9.3　模拟实例 129
9.4　汽车空气动力学数值模拟的展望 132
　　练习题 132

参考文献 133

第1章 绪论

1.1 汽车空气动力学的作用

汽车空气动力学是研究空气与汽车相对运动时的现象、作用规律以及气动力对汽车各性能影响的一门科学。

汽车行驶中与空气产生复杂的相互作用而产生的气动六分力不仅影响汽车的行驶状态，同时反映汽车的性能。因此通过汽车空气动力学研究来改善汽车外形降低汽车气动阻力，提高发动机燃烧效率，改进发动机冷却效果，不仅可以改善汽车的动力性，而且可以提高汽车的燃油经济性。汽车在高速行行驶时，来自空气的反作用力会对汽车产生很大的影响，包括因空气动力作用而引起的汽车稳定性和操纵性问题，而良好的汽车稳定性和高速操纵稳定性对其保证安全行驶具有重要意义，所以通过空气动力学途径来改善侧风稳定性以及提高制动器制动效能为汽车高速安全行驶提供保障。以人为本的今天，改善车身内部通风、取暖、除霜和空调气流等特性，减少尘土污染和降低气动噪声，是乘坐舒适性的基本保证。

提高汽车燃油经济性是汽车的发展趋势，用柴油机代替汽油机、改进现有的发动机和燃油品质、采用新燃料、采用复合动力装置等是比较有效的办法，但是这些方法的研究已经逐渐完善，而另一种有效方法是减小汽车行驶时的空气阻力。一方面，较低的气动阻力系数可直接使汽车高速时大大减少燃料消耗；另一方面，较低的气动阻力系数还可使汽车在装用功率较小的发动机时照样能达到满意的性能，这样发动机的功率较小，消耗的燃料也较少。此外，发动机尺寸的缩小导致传动系统各总成尺寸缩小和整车轻量化，又进一步导致悬架、轮胎等部件尺寸缩小，这种连锁反应涉及了汽车的大多数总成，因而大大提高了汽车的综合技术性能。较低的气动阻力系数所带来的好处是采用任何其他方法都难以达到的。

汽车车速的不断提高以及能源问题的日益严重，汽车空气动力学亦越来越受到重视，其研究工作日益深入，汽车空气动力学已发展成为流体力学一个专门的分支学科。空气动力学包括航空、船舶、建筑物、火车、汽车等方面，在研究气动力、流场、通风等方面，它们之间有相近之处，但是汽车行驶在地面上且行驶状态异常复杂，因而汽车空气动力学又区别于上述分支学科，具有自身的特点。其中汽车空气动力学和航空空气有诸多相似之处，如良好的驾驶或飞行特性、低气动阻力需求、各种作用力的平衡以及确保横向稳定性，此外，在采用运动方程进行空气动力学计算和测量方面都十分相似。此外，汽车空气动力学又有区别于航空空气动力学的自身特点：汽车不是细长流线型，而是"钝性体"；它不离开地面，始终受气动特性的地面效应，而且由于地面和车轮的影响，汽车底部的气流状况与飞机底部完全不同；汽车行驶始终在亚音速范围内，其四周的气流分离和涡流多，远比翼型复杂；飞机要求阻力小同时获得足够升力，而汽车则要求两者都小，另外，现代飞机的设计主要依靠空气动力学计算，然后进行缩小比例模型风洞试验，最后进行样机飞行试验，汽车空气动力学设计则主要依靠试验，而且在模型风洞试验之后有可能采用整车风洞进行全面试验。总之，汽车空气动力学在吸取其他相关学科的基础上，主要是从航空空气动力学获得启发和经验，再结合车身自身的特点，现在已经逐渐发展成了一门独立而又非常重要的学科。

汽车空气动力学是汽车技术发展的先行官和基础，在能源、交通、环保领域发挥着重要作用。同时，在激烈的汽车市场竞争中，只有空气动力特性好的汽车，才能保证其良好的动力性、经济性、操纵稳定性以及舒适性，具有最佳气动外形的汽车才有生命力，因此可以说在汽车空气动力学方面的挑战是汽车面临的首要问题。

1.2 汽车空气动力学的发展

在汽车发明后的最初十几年，车速很低，空气动力学没有真正提到议事日程。在第一辆汽车发明后约25年，人们开始对汽车空气动力特性有了一定认识。

在19世纪汽车诞生前，流体力学理论就已经形成较完善的体系，随后在1871年，英国建成了风洞，为汽车空气动力学的萌芽奠定了基础。20世纪20年代，空气动力学的概念和研究成果被引入到汽车设计中，从而形成了独特的汽车空气动力学学科。

汽车空气动力学是伴随着人们对汽车的完美艺术造型和卓越的性能追求而逐渐形成和发展起来的，甚至可以说，汽车造型变化的历史就是汽车空气动力学发展的历史，可以概括为三个发展时期。

1.2.1 基本型时期

20世纪初期，设计师们根据自己的感性认识将自然界的流线体合理应用到汽车上。开始从外形上注意空气动力学特性，这个阶段称之为基本型时期，该时期包括了两个发展阶段：原始型阶段和基本型阶段。

1. 原始型阶段

汽车问世后的十几年，汽车设计者们将更多的精力投入在底盘构造、零件及发动机的研制上。早期沿用马车造型进行改造，比如德国人卡尔·本茨1886年创造的世界上第一辆以内燃机为动力的现代汽车(图1-1)，没有形成完整的车身概念：外伸零件很多，并未形成连续光滑的表面。

在这一时期，通过对自然流线型的直观了解，设计者们还做了一些大胆尝试。1899年比利时人卡米勒·詹那兹(Camille Jenatzy)采用空气动力学的观点设计并制造出了一辆电动车，该车首次突破了100km/h的速度并创造了105.88km/h的世界纪录。这是较早采用平整光滑外形的车辆(图1-2)。这款"鱼雷型"汽车没有考虑地面影响，考虑了车身的流线形，但驾驶员和车轮露在外面，没有"一体化"，显然阻力很大。

图1-1 1886年卡尔·本茨创造第一辆现代汽车

图1-2 1899年詹那兹创造世界纪录的电动车

在"鱼雷型"汽车之后,德国人霍奇(A. Horch)于1912年研制出"船尾车",如图1-3所示。此时,设计师还只是依靠直观的朴素见解而不是依靠周密的推导和试验来构建他们的车型,虽然在1913年和1914年连续在奥地利阿尔卑斯大赛中取得优异成绩,但气流在前端和翼子板处分离后不能再附合,从空气动力学的角度来看这种船尾造型毫无意义。

2. 基本型阶段

经过对前期原始型的探索,设计者逐渐开始从完整车身考虑,注重汽车的遮风挡雨和舒适性。1913年的里科蒂(C. Ricotti)设计的"飞艇型"汽车,如图1-4所示。1912年伦普勒(E. Rumpler)设计的"泪滴车"(Teardrop cars)如图1-5所示,可见这个阶段确实从完整车身考虑,但并没有更深入考虑汽车空气动力学的问题。

图1-3 德国人霍奇 A. Horch1912年研制的船尾车

图1-4 "飞艇型"汽车

综合看来该时期汽车空气动力学的研究工作基本尚未展开,所以在当时对汽车造型是影响较小的因素。值得一提的是,1908年,第一辆由福特(H. Ford)设计的T型车(图1-6)诞生于底特律Piquette工厂,开始了其辉煌又最具有影响力的19年,该车奠定了方箱式造型的基本格局:外形方整,车身各部分的界线十分明显,侧面的前翼子板、踏脚板、后翼子板与车身分离,前照灯、保险杠、备胎、门铰链等均暴露在外面。这样的车型不但形状阻力较大,干扰阻力也十分可观。直至20世纪30年代,由于方箱式造型不适应更高的车速要求才逐渐被淘汰。

图1-5 "泪滴车"

图1-6 福特设计的T型车

1.2.2 流线型阶段

从20世纪20至50年代,空气动力学的研究工作逐渐发展,大量的研究成果应用到汽车上,对汽车造型产生较大的影响。设计师开始运用充分的理论依据和实验验证进行空气动力学设计。这个阶段地面效应已被人们所认识。人们用空气动力学观点指导汽车造型,试图降低气动阻力,并获得了很大的进展。同时,开始对内流阻力及操纵稳定性有了认识。

1. 长尾流线型阶段

自1911年的冯·卡门(F. Karman)发现在空气中运动的物体后面存在涡流后,寻求最低风阻的流线型体是流体力学的经典问题。1922年德国人杰瑞(P. Jaray)提出"最小阻力的外形是以流线体的一半构成的车身"(以下称"半车身")。杰瑞认识到一个在自由流场中汽车是阻力系数很小的旋转体,在接近地面时,流体就不再是轴对称的了,因此造成了气动阻力系数增加。同时,尾部气流的分离也是气动阻力系数增加的原因并提出结论"只有消除汽车尾部气流分离,才能降低阻力"。最小阻力的外形是以流线体的一半构成的车身,这种"半车身"可由自身的镜像构成一个完整的旋转体,其长高之比为4:1,并将其设计成侧面形状为上面两角倒圆的矩形。对这种"半车身"离地间隙加大时,气动阻力系数也随之加大,原因是其下部有尖角,把这些尖角倒圆,就可以消除阻力增加的现象。

杰瑞和他的助手克兰柏勒(W. Klemperer)在进行一系列与汽车有关的几何形状的风洞试验后,提出了颇有影响的汽车外形构思:光洁、封闭的车身,以水平的流线体包围着发动机和底盘,而以侧卧的流线体盖住乘客。这种风行一时的所谓"J"型车身(图1-7)具有较小阻力系数($C_D=0.30$)的尾部都收缩成一个尖刃,提出了所谓"合成型车身"概念(或称J型车)认识到流场的三维特性。

1933年克莱斯勒在"J型车"基础上设计的车型,如图1-8所示,为减小气动阻力,当时采用了极为夸张的流线形轮罩。1936年瑞典绅宝(SAAB)(图1-9)汽车公司生产的Type92也是在"J型车"造型基础上设计的具有代表性的实用车型。杰瑞车(J型车)的时代到第二次世界大战时期就结束了,这段时期被称为"J型车"时代。

图1-7 J型车

图1-8 克莱斯勒帝王

在20世纪30年代末期,舒勒(I. Schlor)在德国哥庭根大学进行了"理想"汽车形状的研究,如图1-10所示。该车的纵向对称面是由两个航空翼形组合而成,采用后置发动机的底盘制成实车,并进行了试验。该车的车轮完全被车身罩盖起来并且有平整的底面以减少阻力。舒勒的另一项较重要的研究是发现了汽车底部离地间隙增大将使气动阻力减小的规律。该车还有一项成功的构思,亦即使发动机布置在长而尖的尾部而把较宽敞的前部和中部留给坐舱。例如图1-11所示,1938年由列德文卡(H. Ledwinka)设计的太脱拉(Tatra)87型汽车也同样采用了发动机布置在尾部的构思,该车以其成功的空气动力学设计称著于世,实车的气动阻力系数为0.36(后来在1979年由大众77公司整车风洞测出),还采用了尾翅提高空气动力稳定性。

图1-9 瑞典绅宝(SAAB)

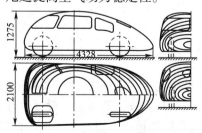

图1-10 理想汽车形状

2. 短尾流线型阶段

1933年美国人雷（W. E. Lay）在密歇根大学进行可更换的各种头部和尾部组成的积木式汽车模型风洞试验，他使用了可更换的各种头部和尾部组成的积木模型（图1-12）。该试验指出有些20世纪30年代假流线型汽车所忽略的事实：如果头部不是干净利落的圆滑，良好的尾部就没有多大意义。这个结论可用图1-12的试验结果解释（表1-1）：F式的风窗玻璃很陡，致使汽车周围的气流受到较大的扰动，因此各种尾部的影响就较小。另外还可以看出，C式与D式两种头部形状差别较大，但阻力系数的差别很少，这是气流在头部平顺过渡的结果。雷的试验还表明：追求水滴形（如C式）的汽车的阻力系数不见得比头部圆滑的现代汽车（如D式）更小，也明确了车身前部流场与尾部流场之间的相互关系及影响，同时得出的重要结论"短粗的尾部和长尾相比仅使气动阻力系数有较小的升高"成为空气动力学方面的又一大进步。

图1-11 1938年推出的捷克汽车太脱拉87型

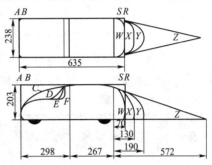

图1-12 雷的积木模型

雷的部分试验结果　　　　　　　　　　表1-1

模型 C_D 值		后部形状			
		W	X	Y	Z
前部形状	F	0.35	0.35	0.32	0.24
	E	0.32	0.26	0.25	0.17
	D	0.30	0.25	0.21	0.12
	C	0.30	0.24	0.20	0.12

1934年，德国人卡姆（W. Kamm）开始系统地研究车身尾部设计，通过风洞试验研究表明"J型车"的长而尖的尾部并不是必不可少的，而且汽车高速时侧风稳定性差，因而提出了有名的"短尾"造型概念（或称为"K型车"）如图1-13所示。"K型车"车身比"J型车"车身空气阻力系数小而且实用。

1934年起雷所提出的粗大后尾端的形状，逐渐发展成为"快背式"（Kamm-back），既有较大的后排座，前段外形又保持低的气动阻力系数。图1-14所示为快背式车，雷氏以及长尾型设计，由于气流在尽可能大的区域内保持连续，而获得了低的气动阻力系数。当切掉尾部截面逐渐减小的部分后，气流被迫分离，造成小的涡流，当车身有适当锥度时，气流在车身尾部造成压力升高，因而使汽车的"基本压力"相对升高，减小了总的阻力，同时也提高了侧向风稳定性。

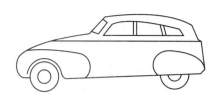
图1-13　K型车

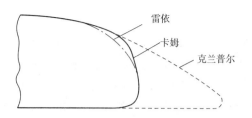
图1-14　快背式车及两种杰瑞型车对比

1935年,斯哥特技术大学汽车发动机研究院的W.Kamm系统地研究了车身尾部设计。随后,1938年W.Kamm在戴姆勒-奔驰170底盘上装置的艾沃林车成为第一辆快背后尾车。

长尾流线型和短尾流线型阶段是流线型时期两个最为典型的发展阶段。"J型车"和"K型车"分别作为两个阶段的代表车型,对后来汽车的发展起了很大的影响。流线型阶段后期在空气动力学方面有了巨大进步,同时出现了很多在气动方面具有标志性的汽车。

当时由于竞赛汽车在高速时需要经受极严峻的考验,因此对其进行空气动力学研究更具有重大意义。英国人素以研究竞赛汽车而闻名,他们曾研制过"金箭"(图1-15)和"蓝鸟"等著名赛车,他们还制造出许多气动性能优良的跑车。图1-16所示是一辆具有"半滴状"的英国M.G.EX181赛车,平顺的侧面离地面很近,下部用软裙围起来,阻力系数只有0.12。

图1-15　以372.3km/h的速度创造1929年世界纪录的英国赛车"金箭"

图1-16　以402.3km/h的速度创造1957年1500cc级世界纪录的英国赛车M.G.EX181

法国的安德里奥(J.Andreau)是早期汽车空气动力学研究方面较出色的工作者之一,也是较早地研究压力分布和稳定性的人之一。他在"标致牌"汽车的底盘上装置了一个带有翅的流线型车身,该车的气动阻力系数为0.28,并且对强大的侧向风有良好的稳定性。安德里奥指导设计的"雷电"(图1-17)曾是1938年竞赛的优胜者。

1934年美国克莱斯勒汽车公司推出了新颖的"气流"型(Air Flow)汽车,此外,德国著名工程师波尔舍(F.Porsche)经过多年的设计和缜密的试验,于1938年也推出了十分畅销的大众甲壳虫型汽车,如图1-18所示。该两种汽车完全摆脱了方箱式造型的格局:前照灯、备胎等隐入车身之内,翼子板也与车身侧面联系起来,汽车外形圆滑流畅,线条连贯,成为这一阶段流线型造型的代表,对20世纪30年代末期和40年代的汽车造型产生了很大影响。两种车型之所以获得成功,一方面是采用了空气动力学的研究成果,另一方面还在于把空气动力学原理与艺术造型等因素巧妙地结合起来。

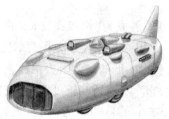
图1-17　以575.3km/h创纪录的"雷电"汽车

图1-18　1938年甲壳虫型汽车

20世纪50年代的轿车,在外形上明显地形成了头部(装置发动机)、中部(客舱)和尾部(行李舱)三部分,这种形式称为船形或浮桥式(Pontoon type)。这种汽车在空气动力学方面的进步体现在:形体的转接平滑连贯,采用曲面玻璃和平顺的侧面,汽车的长度增加,高度降低。然而20世纪50年代后期,某些美国轿车体形硕大,过分夸张的造型无助于空气动力性能的改善。

20世纪50年代后期,整车风洞大量出现,同时风洞开始采用真实汽车进行试验,除了研究空气动力外还研究了外部和内部各细节的空气流场,所得试验结果基本与实际相符。从此,模型风洞、整车风洞试验以及道路试验三者有机结合已成为新型汽车车型开发和研制过程必不可少的步骤。

1.2.3 最优化时期

1. 细部最优化阶段

1974年德国胡乔(W. H. Hucho)等人提出了著名的细部优化(Detail Optimization)的设计方法:在充分保证造型风格、内部布置、安全性、舒适性和批量生产性等方面,汽车工程需要提前设计出汽车外形,尔后进行空气动力修正。亦即首先进行样式(Styling)设计,然后用空气动力学观点对型体细部(如圆角半径、曲面弧度、斜度和扰流器等)进行局部修改,从而控制甚至防止气流的分离现象发生,以使气动阻力降到最低。这充分体现了"造型服务于性能"的设计思想,此方法取得了较大成功,曾使VW – Scirocco I(1974年型)汽车的气动阻力系数C_D由原型的0.50降至0.41,如图1-19所示。而在当时主要依据流线型原理设计的Opel GT(图1-20),其C_D值也不过是0.41,尽管前者具有坚挺的风格,但却具有与流线型汽车(Streamlined Car)相同的气动阻力系数。

图1-19 VW – Scirocco I 轿车

图1-20 Opel GT 轿车

东风标致307对前照灯的细化造型,如图1-21所示。

在"细部优化阶段",为降低气动阻力系数,空气动力学工作者和汽车设计师充分利用了风洞及烟流设备等工具,对汽车细部进行优化设计并取得了很大成效,如图1-22所示的汽车设计师手持烟流喷枪对敞篷车的前风窗倾角进行流场试验。

图1-21 标致307对前照灯细化造型

图1-22 前风窗的烟流试验

2013年奔驰CLA车身空气动力学改进项目负责人Norbert Fecker介绍："要增强一辆车的空气动力性能并减少其风阻系数需要在各个细节上做出改善,甚至每个细节部位仅改进千分之一,那么其合力也是非常可观的。"奔驰CLA工程师们利用风洞对车辆进行测试,对从车轮拱到后扰流板的任何可改善空气动力学的部件进行分别试验,不断地在各部件上进行持续的改进(图1-23),例如行李舱盖调高一点,发动机罩条纹改变一些等。

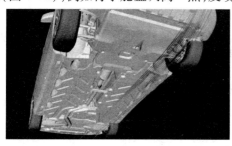

图1-23　奔驰CLA在各细节部件寻求空气动力性能改进

然而大量试验表明,对于$C_D>0.45$的汽车,该方法可取得明显效果,如果要进一步使产品车的C_D值降为0.40以下,则必须做相当大的努力,甚至必须寻找更高级的技术。另外需要对每一个局部进行多次修改。

2. 整体最优化阶段

随着空气动力学研究以及风洞试验技术的发展,汽车空气动力学的设计又出现了一种新思路——从设计开始就十分重视汽车外形的整体气动功能。体现了"功能服务于造型"的设计思想,即首先确定一个符合总布置要求的理想的低阻形体,在其发展成实用化汽车的每一设计步骤中,都严格保证形体的光顺性,使气流不从汽车表面分离,这种新设计方法叫形体最优化,也叫整体最优化法。

其中奥迪100C3就是应用了整体最优化设计的典型例子。如图1-24所示,第一步是按照总布置要求制成具有阶梯背式造型风格,并具有较理想的流线体特征。例如具有极其光顺的曲面、圆滑的车头、大弧度的风窗等,其气动阻力系数C_D值为0.18。第二步是将基本形体转变成基本汽车外形,所有与空气动力学相关的细部,如车底部件、冷却系统气流、保险杠、连接点和细缝等,都要进行细部最佳化处理,C_D值也剧增到0.24。第三步将基本汽车外形精制成式样模型,车身结构设计师参与大量细节工作,使模型车基本接近产品车,C_D值也进一步增加到0.29。第四步将基本模型试制成产品车,C_D值比式样模型略高一点(为0.30)。具有相当低的气动阻力且大量生产的轿车奥迪100C3便诞生了(图1-25),其在同级别车中具有最佳空气动力学设计效果,引起了世界汽车界的轰动。

1.2.4　小结

汽车空气动力学经过了上述几个阶段的发展,使得普通轿车的气动阻力系数从20世纪20年代的0.8左右降到30~40年代的0.6左右,以后又降到0.45左右。特别是近几十年,汽车空气动力学的研究受到了极大重视,在降低气动阻力方面取得了很大进展,量产车平均气动阻力系数已降到0.35以下,一些先进气动设计的样车,气动阻力系数已降到0.15~0.20。一些车型也创造了低阻力系数的历史记录(图1-26)。1986年的福特Probe V概念车,其C_D值仅有0.137;1996年的通用EV1电动车,C_D值为0.19;2008年美国Aptera 2e电动车,其C_D也仅有0.15;另外,2009年经过大众1L概念车而改型过来的大众L1,其C_D为0.195。虽然这几款车型大部分没有真正投入市场,但其在空气

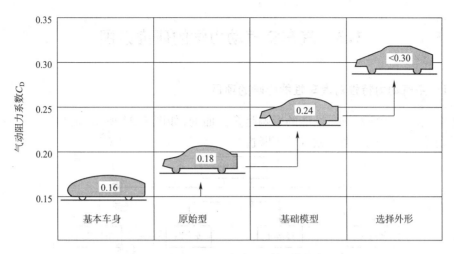

图 1-24　奥迪 100C3 型轿车的形体最佳化步骤

图 1-25　1982 年奥迪 100C3 以 C_D 为 0.30 创造了轿车空气动力学的世界纪录

动力学方面所追求的完美境界还是值得去借鉴的,从这几款车型可看出,减少后视镜等附件、平滑化车门把手、覆盖车轮、关闭格栅等一系列的措施可以减小阻力系数。

1986年福特Probe V概念车(C_D=0.137)

1996年通用EV1电动车(C_D=0.190)

2008 年美国Aptera 2e电动车(C_D=0.15)

2009年大众L1 轿车(C_D=0.195)

图 1-26　典型阻力系数的车型

1.3 汽车空气动力学的研究范围

1.3.1 空气动力特性对汽车性能影响的项目

汽车空气动力特性对汽车性能的影响是多方面的,如图1-27所示,正是通过对这些性能的改善推动着汽车空气动力学领域的不断进步。

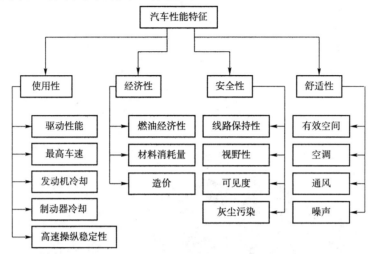

图1-27 空气动力对汽车性能影响的项目

1.3.2 汽车空气动力学的研究内容

需要改善的性能决定了汽车空气动力学的发展方向,进而决定了其所要研究的问题,通常可以分为下面五个方面。

1. 汽车空气动力及其对汽车性能的研究

这种问题的研究,要求在风洞里很好地模拟汽车周围的气流流动条件,以便于在风洞里能较真实地测得作用在汽车上的三个力和三个力矩,如图1-28所示。其中重要的是升力、阻力和纵倾力矩。为了研究气动力现象,有时还要测量汽车外表面上的压力分布。试验要求汽车风洞能很好地模拟汽车的车速和侧风条件,必要时,最好还要能模拟某些不稳定流场的特殊情况。

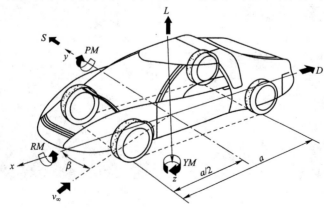

图1-28 空气动力以及对汽车性能的研究

2. 汽车的流场与表面压强研究

流场是速度场、压强场、能量场、密度场、温度场等的总称。通过整车和局部流场的研究,更直观地了解汽车内外气流的运动规律和情形,从而进一步研究车身整体气动造型和局部优化气动造型,分析气流分离和尾流现象与机理,如图1-29所示。

对于汽车表面的流动研究,可以在汽车表面上贴丝线来观察流动。对整个流谱的研究,通常都要在烟风洞中进行。通过烟流流过汽车模型的过程,可以清晰地观察到气流流过汽车的完整流动图。由于风速大时,烟流容易吹散,所以烟风洞中的风速都比较小,而且要求风速稳定。

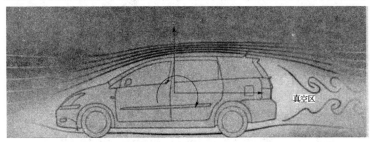

图1-29 汽车的流场与表面压强研究

3. 发动机和制动器的冷却特性

需要进行冷却的内部设备主要有发动机和制动装置,这些装置都需要在前方引进高速气流来进行冷却。通过研究发动机和制动器的冷却气流来提高发动机和制动器的性能和冷却效率。如图1-30、图1-31所示,体现了在这方面的应用。

图1-30 CA12GV发动机缸体温度场　　　图1-31 制动器冷却特性

4. 采暖、通风和空调研究

为了改善汽车乘坐舒适性,通常要进行通风、采暖和制冷的研究。如图1-32通过对空气进出口位置、风量、风速、风路以及空调选型与布置来优化车身内部气流环境。这种试验对流场的要求一般要比内部设备冷却试验高一些。但要很好模拟空气的湿度和温度以及太阳的照射条件,要在能创造气候条件的气候风洞或空调室中进行。

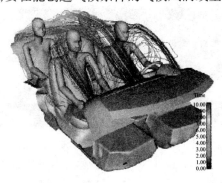 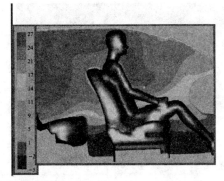

图1-32 采暖、通风和空调研究

5. 汽车空气动力学专题研究

除上述四种研究内容以外，还有改善雨水流径、减少表面尘土污染、降低气动噪声、侧向风稳定性以及刮水器上浮等专题研究，如图 1-33 所示。

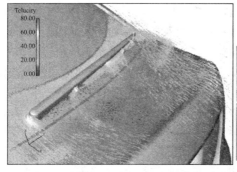
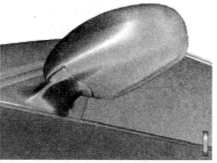

图 1-33　汽车空气动力学专题研究

1.4　汽车空气动力学的发展趋势

汽车空气动力学与汽车造型紧密相关，前者指导后者的设计，而后者反过来影响前者。一个领域的发展主要依靠研究方法的提高，因此研究方法的发展能更好地促进空气动力学的进步。而空气动力学的发展最终将很形象地表现在汽车造型的发展上。另外，学科的发展离不开方法的进步，下面将从造型和方法两个方面谈论汽车空气动力学的发展趋势。

1.4.1　汽车空气动力学在造型方面的发展趋势

1. 气动造型与美学造型完美结合

现代社会，消费者喜欢标新立异，追求个性。汽车作为一种商品，首先展示的是外形，外形的好坏甚至直接决定这款车，或者汽车厂商的命运。汽车外形在满足消费者的个性化需求外，更应该考虑其空气动力学特性。大量实践证明，气动造型和美学造型完美结合的车型受到广大消费者喜爱。如图 1-34 所示，奥迪 TT 的造型被很多人认为是汽车设计的一个分水岭。犀利有神的 LED 前照灯与更大的进气口和镀铬处理的雾灯边框相映衬，描绘出了一个更具动感的 TT 面孔。而且，增加的 12 颗 LED 日间行车灯，还凸显了新 TT 独具的个性气质。充满着金属光泽的上下贯通的金属格栅和后扰流板，独特的三维动感边缘设计，集大气美感及空气动力学于一身。

图 1-34　奥迪 TT

2. 强调车身整体曲面光顺平滑

汽车造型的发展不仅要求较好的空气动力性，也要求较好的美观性。车身整体曲面光顺平滑能够减少气动分离,降低空气阻力。同时流畅自然的线条、圆滑简洁的过渡更能满足现代人们对于个性和美的追求。

3. 以低阻形体开发的整体气动造型与低车身高度

从一个总体尺寸和体积与所设计的汽车基本类似的理想低阻形体出发,从总体的角度逐渐向实用车型逼近,以满足人机工程学、工艺学、美学造型及安全法规等方面的要求,使整车各项性能达到最优。图 1-35 所示是通过计算机模拟得到的理想气动形体模型,其具有优良的弯度线和外部流线。而低车身高度在一定程度上减小了正投影面积(图 1-36),也是未来的发展方向。

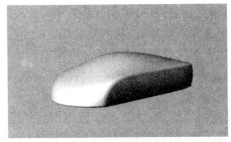

图 1-35 理想气动模型

图 1-36 兰博基尼轿车

4. 空气动力学附加装置与整体造型协调融合

2012 年法拉利 F12 Berlinetta(图 1-37)采用了全新空气动力套件——空气桥,它利用发动机罩将空气从车的上半部分输送到车辆侧翼,空气在侧翼与轮舱的尾流交汇,从而减少阻力,并产生下压力。

5. 车身表面无附件化

将在 2013 年上市的大众 XL1 轿车(图 1-38),其外形似海豚,车身外没有后视镜,取而代之的是摄像头。平滑化门把手,覆盖车轮,目的就是尽量达到无附件化,一定程度上减小了干扰阻力,另外该车还关闭了发动机格栅,减小了内流阻力。

6. 充分利用后出风口隔栅及发动机排放改善后尾流状况

尾流是产生气动阻力的重要原因,而之前在造型或者加附加装置方面,也在很大程度上希望改善尾流,然而利用后出风口格栅以及发动机的排放改善尾流将是全新的发展领域。另外,相关学者提出,今后的汽车造型将是楔形基础上的具有最佳弯曲线的贝壳型。

图 1-37 法拉利空气桥

图 1-38 大众 XL1 轿车

1.4.2 汽车空气动力学在研究方法方面的发展趋势

目前,汽车空气动力学的研究方法按照研究手段可分为:实验研究、理论分析和数值模拟。

随着汽车理论和研究技术水平的不断进步,三种研究方法将互相渗透、互相补充,并共同促进汽车空气动力学的发展。现有的研究现状和水平决定了汽车空气动力学研究方法的发展趋势主要如下。

1. 数值模拟方面

目前数值模拟面临最主要的问题就是计算精度和收敛速度,然而网格的形状与结构、采用的湍流模型和计算方法都对精度有影响。仿真模型的建立应当寻求更加先进的几何建模手段,在整车流场计算中网格数量巨大导致计算时间增长,正在发展的多网格法可以根据汽车外流场不动部分的流场的不同情况合理分区,用更少的网格数、更少的计算时间来达到相同的或者更高的计算精度。同时空气动力学软件正向着全自动化划分网格、高精度计算的方面发展。

今后,对汽车表面产生的分离涡流和湍流应进行更为深入地研究,从而发展相应的更先进的流体流动计算模型。风洞试验表明,汽车周围的流动大多为较强的大小涡流混杂的湍流,而且汽车底部与地面的边界层产生干涉也出现湍流。因此进行汽车周围流场的数值模拟必须通过求解黏性流体湍流方程才能使模拟精度提高。

发展更好的计算方法与仿真程序,促进使用大尺度涡流模拟/小尺度湍流模型方法求解 N-S 方程组,伴随着计算机技术的快速发展,使得模拟计算具有更好的收敛性、稳定性,以及结果具有更高的精确度。

2. 实验研究方面

实验研究作为理论分析和数值模拟的基础,并用来检验理论结果的正确性和可靠性。因此,实验研究在新车型开发和气动研究方面越来越受到重视。空气动力学实验研究主要包括风洞试验和道路试验。由于道路试验时间长、实验条件不易控制,测量不方便,风洞试验成为空气动力学试验测量的主要方式。

全尺寸、全天候、实车环境风洞及模型风洞成为汽车风洞未来发展的趋势,能够解决中重型、重型货车风洞试验的难题和实现更精确的测量和试验。由于风洞和配套设备的差别,常常会造成试验结果的系统性能偏差,为能方便地对世界范围内的不同车型的气动性能进行比较,就要尽量去掉这种车别,进行风洞的相关性研究(也就是以风洞为标志的试验平台的相关性研究)。

"安静"、"绿色"风洞如今已被人们认识,今后不仅要求高品质汽车风洞,还需对风洞背景噪声进行抑制,做到低噪声和低碳节能;也要求试验高度自动化,模型姿态、试验条件等变化更加容易;建立系列试验结果的数据库,以完善数值计算的工程或经验修正方法,数值计算能力不断提高;风洞将具备先进的数据采集能力,能够实时、定量显示模型表面和周围流场信息,并与计算模拟确认整合;在风洞试验技术上,现代试验设计(MDOE)将成为一种标准的新型试验方法,该技术基于统计学原理,能够更加合理有效地设计试验计划,同时也要求具有更高水平的知识型试验队伍。

3. 理论分析方面

理论分析能够指导实验研究和数值计算,它在大量实验基础上,归纳和总结出响应的规律,同时通过理论自身的发展反过来指导实验,并为数值计算提供理论模型。因此随着实验研究和数值模拟的不断发展,理论分析将更全面、更系统。

旋涡分离流动模拟分离流动是汽车绕流流场中典型的、不可避免的流动现象。对汽车黏性流动进行数值分析的主要困难在于分离旋涡流动,这就要求对汽车分离旋涡进行深入研究,形成更为系统地物理机制和模型。同时高雷诺数湍流的运动机理还需要进一步进行完善,以及有关不可压流体特性、流体阻力和汽车绕流特性等基础理论研究还有待深化。合理、系统地理论才能促进空气动力学更好更快的发展。

练 习 题

1. 简要回答汽车空气动力学的定义及重要性。
2. 汽车空气动力学的发展主要包括哪几个时期?
3. 最优化时期两个优化阶段的定义是什么?
4. 汽车空气动力学的研究内容包括哪几个方面?
5. 谈谈汽车空气动力学在造型方面的发展趋势。
6. 目前汽车空气动力学的研究方法有哪几种以及其发展趋势是什么?

第2章　流体力学基础

本章主要介绍流体力学的基础知识和理论。首先从流体的性质出发,介绍真实流体和理想流体之间的区别;其次介绍流体静力学和流体动力学两个方面的理论和基础方程;再次介绍边界层;最后介绍流场、流线和流谱的概念。由于汽车空气动力学所处理的是低速问题,故本书只讨论低速流动。

2.1　流体的性质

流体是没有一定形状、各部分之间极易发生相对运动、具有流动性的液体与气体的统称。流体在剪切力作用下发生连续变形,或者说流体在静止时不能承受任何剪切力,即流体具有流动性。

连续介质是一种将流体看作是大量的宏观小、微观大的流体质元组成,一般研究其宏观行为,因此可以将其看作忽略物体微观结构的量子性的物质模型,把流体作为连续介质处理。

液体和气体又有各自的特性。液体的特性是容积一定,有一个自由表面;气体的特性是没有固定容积,没有自由表面,易于压缩。

从宏观角度考虑,流体有流动性、压缩性、黏性、热传导性和液体的表面张力等性质。

2.1.1　流体的密度、压强和温度

密度、压强和温度是表征流体状态的三个基本参数。

1. 密度

单位体积的质量称为流体的密度,以 ρ 表示,流体的密度定义为:

$$\rho = \lim_{\Delta V \to 0} \frac{\Delta m}{\Delta V} = \frac{\mathrm{d}m}{\mathrm{d}V} \tag{2-1}$$

式中,ΔV 是一块空间域;Δm 是 ΔV 内的流体的质量;如果计算 ΔV 内部的流体平均密度,则 $\rho = \Delta m/\Delta V$。

本书采用我国的法定计量单位制,长度单位为 m,力单位为 N,质量单位为 kg,密度单位为 kg/m^3,时间单位为 s。

2. 压强

流体的压强定义为单位面积上的法向力,其单位是 N/m^2(或用 Pa)。在流场中,压强 p 的大小将随位置和时间而改变。

3. 温度

温度表示流体的冷热程度,常用的温度表示法有两种,一种为摄氏温度 $t(℃)$,另一种为热力学温度 T,两者的换算公式为:

$$T = T_0 + t \tag{2-2}$$

式中,T 的单位是开尔文(K),$T_0 = 273.15\mathrm{K}$,热力学温度可看成是表示气体分子移动的平

均动能。

4. 完全气体的状态方程

根据大量试验结果,气体的压强、密度和温度三者不是互相独立的,而是存在一定的关系。如果气体分子的体积与分子间的作用力可以忽略不计,则可视为完全气体,这种关系可用完全气体状态方程式(2-3)表示:

$$P = \rho R T \tag{2-3}$$

式中,p 的单位为 N/m^2,或 Pa,$1Pa = 1N/m^2$,ρ 的单位为 kg/m^3;T 为热力学温度,单位为 K;每种气体各有其 R 值,空气是混合气,$R = 287J/(kg \cdot K)$。

对于自由流体中物体的流场,由于压力和温度的变化将引起密度的变化,故空气的可压缩性是很重要的。

空气中声速 $a = 340m/s = 1225km/h$,对于路面上行驶的汽车(包括赛车)所达到的最高速度也低于声速的 1/3,因此汽车流场问题属于亚声速问题。在这个速度范围内,流场中压力和温度与自由流相比,数值变化很小,所以相应的密度变化就可以忽略了,这就可以认为空气是不可压缩的,这种情况下认为密度不变。

2.1.2 流体的压缩性和膨胀性

如果温度不变,流体的体积随压强增加而缩小,这种特性称为流体的压缩性。液体与气体主要区别在于它们的密度对其压强的依存特性,即压缩性的不同。根据流体压缩性影响的大小,可将流体的运动分为可压缩流体与不可压缩流体。

通常用压缩率 κ 表示。它指的是在温度不变时,压强增加一个单位流体体积的相对缩小量,即

$$\kappa = -\frac{1}{V}\frac{dV}{dp} \tag{2-4}$$

流体压缩率的倒数就是流体的弹性模量 E。它指的是流体单位体积的相对变化所需要的压强增量,即

$$E = \frac{1}{\kappa} \tag{2-5}$$

对于液体,压缩性很小,体积弹性模量很大。例如压强从一个大气压增加到 1000 个大气压时,水的体积的改变量还不到 5%。因此,在研究液体流动时,总是认为它们是不可压缩的。除非在特殊的情况下,例如研究水中爆破、液压冲击和高压领域等方面,这时液体的可压缩性才显示出它的影响。

对于气体,流体的压缩系数和弹性模量的定义同样适用。但气体密度随压强的变化与热力过程有关。

压强不变,流体温度升高时,流体体积增加的特性称为流体的膨胀性。通常用体胀系数 α_v 表示。它指的是在压强不变时,温度增加一个单位,流体体积的相对增大量,即

$$\alpha_v = \frac{1}{V}\frac{dV}{dT} \tag{2-6}$$

2.1.3 流体的黏性

流体质点具有抵抗其质点作相对运动的性质,称为流体的黏性。黏性是流体固有的属性

之一。在流动的流体中,如果各流体层的流速不相等,那么在相邻的两流体层之间的接触面上,就会形成一对等值而反向的内摩擦力(或黏性阻力)来阻碍两流体层作相对运动。即流体的黏性只有在运动流体层之间发生相对运动时才表现出来。黏性阻力产生的物理原因是由于存在分子不规则运动的动量交换和分子间的吸引力引起的。流体的黏性现象即是动量输运的结果。

图 2-1 表示有直匀流 v_∞ 流过一块与来流平行的平板。所谓直匀流,指的是来流各层速度

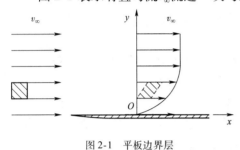

图 2-1 平板边界层

都等于 v_∞,彼此平行,一流到板面上,直接和板面接触的那层气流就黏在板面上了,流速降为零称为无滑动。从物面起,沿其法线向外,流速逐渐由零变大,要到离板面一定距离之后,流速才和来流的流速 v_∞ 没有显著的差别。在板面法线 n 方向上流速按照法向速度梯度 dv/dy 而变化,它是黏性力的牵扯作用造成的;由此可见,不同的速度层之间必有摩擦力存在,当然紧贴板面的那层气体和板面之间也存在着这样的摩擦力。

单位面积的摩擦力称为摩擦应力,记为 τ,速度梯度越大的地方摩擦应力越大,牛顿指出 τ 和 dv/dy 成正比:

$$\tau = \eta \frac{dv}{dy} \tag{2-7}$$

比例常数 η 称为动力黏度,是一个由实验决定的常数,只与流体的种类及温度有关,而与压强无关。η 的单位是 $N \cdot s/m^2$,此公式称为黏性定律。

当压强不变时,不同温度下的气体动力黏性系数 η,可根据萨瑟兰(Sutherland)公式估算:

$$\eta \approx = \eta_0 \left(\frac{T}{T_0}\right)^{1.5} \frac{T_0 + C}{T + C} \tag{2-8}$$

式中:η——温度 T_0 时的动力黏度;

C——取决于气体种类的温度常数。

空气在海平面条件,即 1 个标准大气压,$T_0 = 288.15K$ 时,$\eta_0 = 1.7894 \times 10^{-5} N \cdot s/m^2$,$C = 110.6K$。

在流动的问题里,惯性力总是和黏性力并存的,η 和 ρ 往往以 (η/ρ) 的组合形式出现,这个比值称为运动黏度:

$$v = \eta/\rho \tag{2-9}$$

空气在 $T = 288.15K$ 时,$\rho = 1.225 kg/m^3$,$v = 1.4607 \times 10^{-5} m^2/s$。

黏度系数的大小与流体的性质和温度有关。气体的黏度系数随温度的增高而增大。液体的黏度系数一般随温度升高而迅速减小。这是因为气体的黏性主要是由各层气体之间分子动量交换的结果,而液体的黏性主要是来自于分子间的引力。

流体的黏度系数随着压强的增加而增加。但是当压强不太高时,压强对黏度的影响很小,所以一般不考虑压强对黏度的影响。如果使用运动黏度系数 v,由于它与密度有关,所以考虑压缩性影响时,v 与压强密切相关。因此在气体动力学中,使用更多的是动力黏度系数 η。

2.1.4 流体的热传导性

无论流体是静止的还是运动的,只要其中的温度场不均匀,热量就由高温处向低温处传

递。在温度分布不均匀的连续介质中,仅仅由于其各部分直接接触,而没有宏观的相对运动所发生的热量传递称为热传导。

一般来说,绝大多数流体的热传导性是各向同性的,其热传导规律遵从傅里叶(Fourier)定律,即

$$q = -\lambda \frac{dT}{dn} \tag{2-10}$$

式中:q——热流密度;

dT/dn——温度梯度;

λ——热导率。

这说明,流体中热传导引起的热流密度与温度梯度成正比,热传导的方向与温度梯度的方向相反。热导率 λ 取决于流体的种类、温度和压强,其单位为 $W/(m \cdot K)$,空气的 $\lambda = 5.85 \times 10^{-6} W/(m \cdot K)$。

试验证明,大多数接近完全气体的气体,其热导率 λ 与动力黏度 η 几乎成正比,因而可以定义一个无量纲量 P_r:

$$P_r = \frac{\eta c_p}{\lambda} \tag{2-11}$$

式中:c_p——气体定压比热容;

P_r——普朗特(Prandtl)数。

上述这类气体的 P_r 值几乎与温度和压强无关,只取决于是什么气体。例如,空气的 P_r 值在 273.15K 时为 0.720,在 1273.15K 时为 0.706,两者相差甚小。

2.1.5 真实流体和理想流体

从宏观角度考虑,流体有流动性、压缩性、黏性、热传导性和液体的表面张力等性质。某种流体在某一具体流动情况下,其上述诸多性质中往往只有几项起主要作用,例如,在研究绝大多数液体的流动性质和低速流动的气体时,压缩性不起主要作用,因而假设流体为不可压缩流体所引起的误差甚小。

在实际情况下,当流体作变形运动时,相互接触的流体质点之间都有切力作用,这是流体黏性的表现;当流体与固体接触时,由于流体质点分子力的作用,使流体附着于固体表面的现象,也是流体黏性的表现。另一方面,当流体的温度分布不均匀时,在流体中会发生热的传递,这就是流体的热传导性。有一些流体的黏性和热传导性都不显著,在某些流动情况下,黏性力比惯性力小得多,传导换热比对流换热小得多,流体的黏性和热传导性不起主要作用。

因此将假设无黏性的和无热传导性,以及在流动过程中不产生摩擦阻力的流体称为理想流体或完全流体,又称非黏性流体。而将必须考虑黏性和热传导性,以及流动过程中产生摩擦阻力的流体称为真实流体或黏性流体。

真实流体与理想流体的主要差别如下:

(1)在速度分布不均匀的流场中,真实流体的质点与质点之间有切应力作用,而理想流体没有。

(2)在温度分布不均匀的流场中,真实流体的质点与质点之间有热量的传递,而理想流体没有。

(3)真实流体附着于固体表面,即在固体表面上的流体流速与固体的速度相同,而理想流体在固体表面上发生相对滑移。

(4)真实流体在固体表面上具有与固体相同的温度,而理想流体在固体表面上与固体之间发生温度突跃。

2.2 流体静力学

2.2.1 流体静压强特性

无黏性的流体,不论静止还是运动,流体内一点上的压强是不因受力面的方位不同而异的,参看图2-2,在 M 点附近取坐标系 $Oxyz$,沿三个坐标轴取三个微段长度,$OA=\mathrm{d}x$,$OB=\mathrm{d}y$,$OC=\mathrm{d}z$,以 O、A、B、C 为顶点作一个四面体,把 p 点包在内,设作用在 BOC 面中点上的压强为 p_x,AOC 面上的压强为 p_y,AOB 面上的压强为 p_z,而作用在斜面 ABC 上的压强为 p。

静止流体压强性质:①方向垂直指向作用面;②大小与作用面的方位无关,任意一点的压强仅是坐标位置的连续函数。即

$$p = p(x,y,z)$$

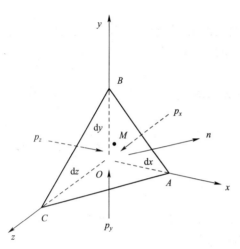

图2-2 流体内部一点的静压强

我们来建立 x,y,z 三个方向上力的平衡式。在 x 向,BOC 面上的压力(其中心点的压强可代表整个微元面上的平均压强)是 $\frac{1}{2}p_x\mathrm{d}y\mathrm{d}z$,指向正 x,斜面 ABC(其面积 $\mathrm{d}S$)上的压力是 $p\mathrm{d}S$,此力在 x 向的分力是 $(p\mathrm{d}S)\cos(n,x)$,指向负 x,而 $\mathrm{d}S\cos(n,x)$ 就是斜面 ABC 在 yz 坐标面上的投影,即 $\frac{1}{2}\mathrm{d}y\mathrm{d}z$,所以负向压力是 $\frac{1}{2}p\mathrm{d}y\mathrm{d}z$。除这两个力之外,这个四面体内的流体可能因在作加速运动而有惯性力,或因处于某种力场中而受力(如引力),不过这些力都是与其质量成正比的,而质量又等于密度乘体积,现在四面体的体 $\mathrm{d}V=\frac{1}{6}\mathrm{d}x\mathrm{d}y\mathrm{d}z$,是微量的三次方,故得 x 向力的平衡方程如下:

$$\frac{1}{2}p_x\mathrm{d}y\mathrm{d}z - \frac{1}{2}p\mathrm{d}y\mathrm{d}z + 三次微量 = 0 \qquad (2\text{-}12)$$

令 $\mathrm{d}x,\mathrm{d}y,\mathrm{d}z \to 0$,三次微量和二次微量相比可以略去。结果 $p_x = p$,同理,另外两个方向的平衡方程是:

$$p_y = p \quad p_z = p$$

总之

$$p_x = p_y = p_z = p \qquad (2\text{-}13)$$

图2-2中的坐标系原是任意的,所以式(2-12)说明,流体中一点处的压强值与受压面的方位无关。

2.2.2 作用在流体微团上的力

按物理意义划分:惯性力、重力、弹性力、摩擦力等。

按作用方式划分:表面力和质量力(彻体力,体积力)。

质量力:外力场作用于流体微团质量中心,大小与微团质量成正比的非接触力,例如重力、惯性力和磁流体具有的电磁力等都属于质量力,也有称为体积力或彻体力,由于质量力与质量成正比,故一般用单位质量力表示,其向量形式为:

$$\vec{f_v} = \lim \frac{\Delta \vec{F_v}}{\rho \Delta \tau} = f_x \vec{i} + f_y \vec{j} + f_z \vec{k} \tag{2-14}$$

式中:$\Delta \tau$——微团体积;

ρ——密度;

$\Delta \vec{F_v}$——作用于微团的彻体力;

$\vec{i}, \vec{j}, \vec{k}$——三个坐标方向的单位向量;

f_x, f_y, f_z——三个方向的单位质量彻体力分量。

表面力:相邻流体或物体作用于所研究流体团块外表面,大小与流体团块表面积成正比的接触力。由于表面力按面积分布,故用单位面积上的接触力即接触应力表示,由于接触应力一般与表面法线方向并不重合,故又可以将接触应力分解为法向应力和切向应力(图2-3)。

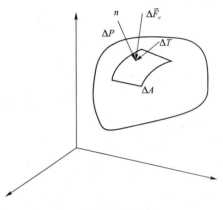

图2-3 表面力示意图

指向作用面内法向应力称为压强。定义为:

$$p = \lim_{\Delta A \to 0} \frac{\Delta p}{\Delta A} \tag{2-15}$$

与作用面相切的应力称为切向应力:

$$\tau = \lim_{\Delta A \to 0} \frac{\Delta T}{\Delta A} \tag{2-16}$$

上述画出的表面力对整个流体而言是内力,对所画出的流体微团来说则是外力。

在运动流体内任取一个剖面一般有法向应力和切向应力,但切向应力完全是由黏性产生的,而流体的黏性力只有在流动时才存在,静止流体是不能承受切向应力的。

流体中的内法向应力称为压强p(注),其指向沿着表面的内法线方向。

压强的量纲和单位表示方法:

(1)压强量纲。

(2)单位面积的力表示 N/m^2(Pa)或 kPa。

(3)用液柱高度表示。$h = p/g$(m,cm,mm)。

(4)用大气压来表示。(气压表)。

(5)用气象学中的单位 bar,mbar 表示。1bar = 100000Pa = 1000mbar。

大气压强分标准大气压强和工程大气压强。

1atm = 101300Pa = 101.3kPa = 1.013bar = 1013mbar。

1at = 98000Pa = 98kPa = 980mbar。

在静止流体中,因为不能承受任意剪切应力,无论是理想流体还是黏性流体,其内部任意一点的应力只有内法向应力,即压强。

在理想(无黏性)流体中,不论流体处于静止还是运动状态,因为黏性系数为零,其内部任意一点的应力也只有内法向应力,即压强。

对于黏性流体,在静止状态下,其内部任意一点的应力只有内法向应力,即压强;在运动状态下,其内部任意一点的应力除内法向应力外,还有切向应力。其压强,严格说来指的是三个互相垂直方向的内法向应力的平均值。

2.2.3 欧拉静平衡方程

这里要推导的是在静止流体内部,压强分布的规律。

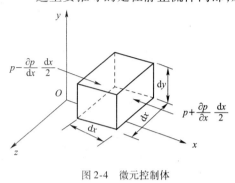

图 2-4 微元控制体

取定坐标系 $Oxyz$,如图 2-4 所示,坐标系的方位任意。围绕某点 $p(x_0,y_0,z_0)$ 取一个边长分别为 $\mathrm{d}x$, $\mathrm{d}y$,$\mathrm{d}z$ 的微小矩形六面体。

建立 x 方向的平衡式。

在静止流体里黏性不起作用,没有切向力而只有法向力。p 点居中,左侧面与 p 点间距离为 $(-\mathrm{d}x/2)$,该侧面中点的压强可用 $p(x_0,y_0,z_0)$ 的展开式表达,泰勒级数取到一次微量项:

$$p(x_0,y_0,z_0)+\left(\frac{\partial p}{\partial x}\right)\left(-\frac{\mathrm{d}x}{2}\right)$$

该侧面的面积是微量,它中心的压强也就是该侧面的平均压强。于是作用在左侧面上指向正 x 方向的压力为:

$$\left[p(x_0,y_0,z_0)-\frac{\partial p}{\partial x}\frac{\mathrm{d}x}{2}\right]\mathrm{d}y\mathrm{d}z$$

同理,作用在右侧面上指向负 x 方向的压力为:

$$\left[p(x_0,y_0,z_0)+\frac{\partial p}{\partial x}\frac{\mathrm{d}x}{2}\right]\mathrm{d}y\mathrm{d}z$$

把单位质量的彻体力记为 f,其在所取的三坐标轴方向的分力记为 f_x、f_y 和 f_z,我们规定其正向与坐标轴正向一致。该取出的流体微团有一个指向 x 正方向的彻体力 $f_x(\rho\mathrm{d}x\mathrm{d}y\mathrm{d}z)$,由于 x 方向所有力之和应该为零,故 x 向静平衡方程为:

$$\left[p(x_0,y_0,z_0)-\frac{\partial p}{\partial x}\frac{\mathrm{d}x}{2}\right]\mathrm{d}y\mathrm{d}z-\left[p(x_0,y_0,z_0)+\frac{\partial p}{\partial x}\frac{\mathrm{d}x}{2}\right]\mathrm{d}y\mathrm{d}z+f_x\rho\mathrm{d}x\mathrm{d}y\mathrm{d}z=0$$

整理得

$$\frac{1}{\rho}\frac{\partial p}{\partial y}=f_x \tag{2-17a}$$

同理可得 y、z 两个方向的静平衡方程为:

$$\frac{1}{\rho}\frac{\partial p}{\partial y}=f_y \tag{2-17b}$$

$$\frac{1}{\rho}\frac{\partial p}{\partial y}=f_z \tag{2-17c}$$

以上三个静平衡方程说明,在静止流体内部,若压强产生了梯度,也就是说压强沿某个方向发生了变化,那么必定是因为在那个方向上有彻体力分量存在的缘故,并且该压强梯度的值即为流体密度乘以单位质量的彻体力在该方向上的分量。

将沿 x、y、z 三个方向的静平衡方程分别乘以 $\mathrm{d}x$、$\mathrm{d}y$、$\mathrm{d}z$,然后相加,得:

$$\frac{\partial p}{\partial x}\mathrm{d}x+\frac{\partial p}{\partial y}\mathrm{d}y+\frac{\partial p}{\partial z}\mathrm{d}z=\rho[f_x\mathrm{d}x+f_y\mathrm{d}y+f_z\mathrm{d}z] \tag{2-18}$$

式(2-18)的左侧是全微分 dp,右侧括号中的式子在下列关系成立时(保守力场):

$$\frac{\partial f_x}{\partial y} = \frac{\partial f_y}{\partial x} \frac{\partial f_y}{\partial z} = \frac{\partial f_z}{\partial y} \frac{\partial f_x}{\partial z} = \frac{\partial f_z}{\partial x}$$

也是某个函数($-\Omega$)的全微分($-\mathrm{d}\Omega$)。我们把函数 Ω 称为彻体力的位函数。它在某个方向的导数的负值等于彻体力在该方向上的分力:

$$f_x = -\frac{\partial \Omega}{\partial x} \quad f_y = -\frac{\partial \Omega}{\partial y} \quad f_z = -\frac{\partial \Omega}{\partial z} \tag{2-19}$$

于是式(2-18)可以改写为:

$$\mathrm{d}p = -\rho\left(\frac{\partial \Omega}{\partial x}\mathrm{d}x + \frac{\partial \Omega}{\partial y}\mathrm{d}y + \frac{\partial \Omega}{\partial z}\mathrm{d}z\right) = -\rho\mathrm{d}\Omega \tag{2-20}$$

当 ρ 为常数时,进行积分得:

$$P = \rho\Omega + C \tag{2-21}$$

p 和 Ω 都是 (x,y,z) 的函数。积分常数 C 只和 Ω 的绝对值有关。我们可以任取某点的当地大气压 p_{at} 和该点处的 Ω_a 作为参数,以确定 C 值:

$$C = p_{at} - \rho\Omega_a$$

其他点的 p 值和 Ω 值之间的关系便可表示为:

$$p = p_{at} - \rho(\Omega - \Omega_a) \tag{2-22}$$

由式(2-20)可知,在静止流体中,等压面(dp=0)必是和彻体力向量相垂直的面,即彻体力的等位面(dΩ=0 或 Ω=常数)。

在工程实践中,压强的值分为绝对压强和表压两种,绝对压强以绝对零算起所得到的压强值,表压是从大气压算起的压强值,即被测压强与大气压 p_{at} 的差值。

压强数一般需要注明是绝对压强还是表压,如:$p_1 = 125000\text{N/m}^2$,绝对压强;$p_2 = 25000\text{N/m}^2$,表压。

由于 p_{at} 的值随气象条件时刻都在发生变化,所以每次试验时都应读取该时刻的大气压值。

【例 2-1】 湿式气压表的工作原理。

解: 湿式大气压表是通过竖立着的玻璃管中的汞柱高度来显示大气压值的,读取的气压值可以作为试验时作参考用的大气压 p_{at}。这种表的构造非常简单:将一根透明带刻度的,一端密封的细管注满汞,倒立在一个盛有汞的,直径比细管大数十倍的大盒内,大盒的上部与空气接触。取坐标如图 2-5 所示。坐标原点选在细管的汞面上。

已知三个彻体力分量只有 $f_y = -g$ 存在,其余两个为零。根据式(2-19)积分,得:

$$\Omega = gy$$

代入式(2-21)得:

$$p + \rho g y = C \tag{2-23}$$

式(2-23)说明,连通的静止流体内部各点的 p 和 $\rho g y$ 值之和为一常数。

大盒中汞面上 A 点处的压强 p_A 等于大气压 p_{at},该面的 $y = -h$,按式(2-23),有:

$$p_{at} - \rho g h = C \tag{2-24}$$

B 点是细管内汞面上的一点,该处的压强是 p_B。在 A、B 两点使用

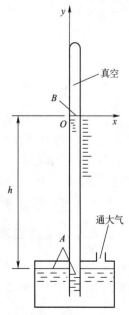

图 2-5 湿式气压表

式(2-23),得:
$$p_B + 0 = p_{at} - g\rho_{Hg}h$$
式中:h——细管中 B 点高出大盒汞面 A 点的高度。

在细管的封闭端部分形成真空,但是会存在一定的汞的蒸气压,由于数值极小,可以略去,即 $p_B \approx 0$,于是得:
$$p_{at} = g\rho_{Hg}h \tag{2-25}$$

可知大气压的值就等于细管中汞柱高度与汞的重度(重度等于 ρ 乘以 g)之积。一般在读数时只读取汞柱的高度 h。汞的重度为:
$$g\rho_{Hg} = 9.8067 \times 13.595 \times 10^3 = 1.3332 \times 10^5 \text{N/m}^3$$

一个标准大气压的读数是 76cm 汞柱,其值等于 101.325N/m^2。气象上的压强单位为"bar",$1\text{bar} = 1 \times 10^5\text{N/m}^2 = 1 \times 1^5\text{Pa}$,一个 bar 略小于一个大气压。

气压表大盒中的汞面高度是看不见的,读取 h 时,只看细玻璃管中的汞柱高度。由于为随细管中的汞柱上升,大盒中的汞面略有下降,会造成十万分之一的读数误差,鉴于数值很小,误差可以不计。

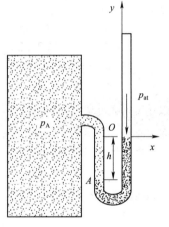

图 2-6 U 形管压力计

【例 2-2】 用 U 形管压力计测量密封容器中的气压,U 形管内液面差为 h,求容器内气压的值。

解: 首先有一点要明确:气体的密度一般比液体小得多,且气瓶的纵向尺寸一般不大,因此可以认为气瓶内部各点的压强都相等。参看图 2-6。把坐标原点取在 U 形管右支的液面上。式(2-23)中的常数 C 可以通过右支液面上的压强确定:$C = p_{at}h$ 是左右两支的液面差,ρ 是 U 形管压力计中所用的液体的密度。同一常数用于左支的液面可得:
$$p_A - g\rho h = p_{at}$$
气瓶内的绝对压强为:
$$p_A = g\rho h + p_{at}$$
表压为 $p_A = g\rho h$,如果瓶内气压低于大气压,则 h 为负值。

2.3 流体动力学

流体动力学研究的对象是运动中的流体(流体指液体和气体)的状态与规律。这些规律通过流动参数(速度、压强等)的变化来直观的表达,将这些参数紧密联系到一起的是物理学中的三个基本定律:质量守恒定律、动量守恒定律和能量守恒定律,它们在空气动力学中通常有微分和积分两种形式。

为了便于理解,我们主要讨论低速一维流,二维和三维的情况可以依此类推。

2.3.1 基本假设

一维流是指流动的各个物理参数,如流速、压强等,都只是在一个空间坐标 s 的函数,如果流动情况还随时间变化,那么这些流动参数就同时又是时间的函数,如:
$$v = v(s,t) \quad p = p(s,t)$$

对于一股气流,我们可以沿气流的中心线,设曲线坐标系 s,如图 2-7 规定:①中心线 s 可以略有弯曲;②流管的截面积沿 s 可以有缓慢的变化。只要满足这两个规定,就可以假设在任何瞬间,流动参数在截面上无变化。在这个假设之下,流速的指向都沿 s,实际上是忽略横向分量不计。轴线 s 没有大曲率,截面上内外侧的压强差便可以忽略,截面上压强无变化的假设就可以成立。在一维流的前提下处理流动问题,比较简单、容易,有许多实际的管道流动,如风洞中的流动、喷气发动机中某些段落里的流动,均基本符合上述假设。

流动情况不随时间变化的流动称为定常流动,反之则称为非定常流动。

这里主要讨论低速的一维定常气流问题,即在流动过程中的速度变化所引起的压强变化不足以使气流的密度有显著的变化,这时可以设密度为常数,这种流动称为不可压缩流动。

2.3.2 一维流的连续方程

对于一维不可压缩的流动,其质量守恒定律的表达式十分简单。参看图2-8,设某个截面1上的流速是 v,截面积是 A;相邻截面2与截面1相距 $\mathrm{d}s$,截面2上的流速是 $v+\mathrm{d}v$,截面积是 $A+\mathrm{d}A$。不可压流的密度 ρ 是常数,不论流动是否定常,计算流过某个截面的流量时,只计算流过的体积即可。$\mathrm{d}t$ 时间内流过截面1的体积流量 $vA\mathrm{d}t$ 必等于同一时间流过截面2的体积流量 $(v+\mathrm{d}v)(A+\mathrm{d}A)\mathrm{d}t$($\rho$ 为常数,$\mathrm{d}s$ 内的质量不变):

$$vA = (v+\mathrm{d}v)(A+\mathrm{d}A)$$

忽略二阶微量,整理得:

$$\frac{\mathrm{d}v}{v} + \frac{\mathrm{d}A}{A} = 0 \tag{2-26}$$

这就是微分形式的一维不可压流的质量方程,微分形式的质量方程又称连续方程。

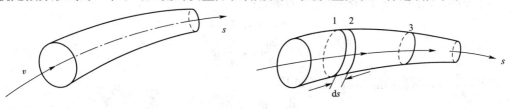

图2-7 一维流　　　　　　　　图2-8 一维流的连续性

为了建立积分形式的连续方程,需要划取一定大的空间域,譬如截面1至截面3,在这个有限的范围(不是无限微小的范围)内运用质量守恒定律,这个取定的空间称为控制体,其边界面称为控制面:这里截面1和截面3再加上两者之间的侧表面合在一起是控制面。在控制体1-3之内流体保持质量守恒,设流入量为正,流出量为负,则越过控制面的总流入量为零。对于一维流,各截面上的流速各是一个值,总流入量是:

$$v_1 A_1 - v_3 A_3 = 0$$

即　　　　　　　　　　　　　$v_1 A_1 = v_3 A_3 = 常数$

或　　　　　　　　　　　　　$vA = 常数$ \quad (2-27)

控制面的侧面上流速和该面的法线相垂直,无流量越过侧面,对式(2-20)积分一下,也得此式。式(2-27)说明,一维不可压流的 v 和 A 成反比且乘积为常数。

2.3.3 欧拉运动方程

忽略黏性力不计,微分形式的流体动量方程称为欧拉运动方程。

参看图2-9,取一微段 $\mathrm{d}s$ 的气流,建立它所受的力和其加速度的关系式。

设微段的截面 a-a 上压强为 p，指向正 s 的压力是 pA；截面 b-b 上的压强是 $p+\mathrm{d}p$，指向负 s 的压力是 $(p+\mathrm{d}p)(A+\mathrm{d}A)$。此外，侧面上也有压力。它在 s 正方向的分力等于平均压强 $(p+\frac{1}{2}\mathrm{d}p)$ 乘以侧表面在 s 向的投影面积 $\mathrm{d}A$。

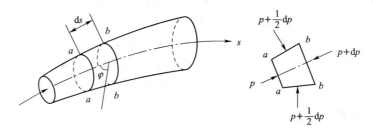

图 2-9 一维流控制体

设单位质量的彻体力为 f，其指向与 s 正方向成 $(\pi-\varphi)$ 角，那么这微段流体质量 $\rho(A+\frac{1}{2}\mathrm{d}A)\mathrm{d}s$ 所受的彻体力在正 s 向的投影是 $f\rho(A+\frac{1}{2}\mathrm{d}A)\mathrm{d}s\cos(\pi-\varphi)$。

总的 s 正方向作用力是：

$$pA-(p+\mathrm{d}p)(A+\mathrm{d}A)+(p+\frac{1}{2}\mathrm{d}p)\mathrm{d}A+f\rho(A+\frac{1}{2}\mathrm{d}A)\cos(\pi-\varphi)\mathrm{d}s$$

忽略二次微量，得：

$$-A\mathrm{d}p-f\rho A\cos\varphi\mathrm{d}s$$

一个流体微团的速度是坐标和时间的函数：

$$v=v(s,t)$$

$$\mathrm{d}v=\frac{\partial v}{\partial t}\mathrm{d}t+\frac{\partial v}{\partial s}\mathrm{d}s$$

而 $\mathrm{d}s/\mathrm{d}t=v$，故得加速度的表达式如下：

$$\frac{\mathrm{d}v}{\mathrm{d}t}=\frac{\partial v}{\partial t}+v\frac{\partial v}{\partial s} \tag{2-28}$$

式 (2-28) 右边第一项 $\frac{\partial v}{\partial t}$ 称为当地加速度，这是由于整个流动在随时间变化，而这块微团的当地速度亦相应地变化而产生；第二项 $v\frac{\partial v}{\partial s}$ 称为迁移加速度，那是因为流速沿 s 有变化，微团在 Δt 内从 s 移动到了 $s+\mathrm{d}s$，相应地流速有增量 $\Delta v=\frac{\partial v}{\partial s}\mathrm{d}s$，流速的增加率为 $\frac{\Delta v}{\Delta t}=v\frac{\partial v}{\partial s}$。

根据牛顿第二定律，得方程：

$$-A\mathrm{d}p-f\rho A\cos\varphi\mathrm{d}s=(\rho A\mathrm{d}s)\left(\frac{\mathrm{d}v}{\mathrm{d}t}\right)$$

或

$$\frac{\partial v}{\partial t}+v\frac{\partial v}{\partial s}=-\frac{1}{\rho}\frac{\mathrm{d}p}{\mathrm{d}s}+f_s \tag{2-29}$$

式中 $f_s=f\cos\varphi$ 是彻体力正 s 向投影。式 (2-29) 就是一维理想流的微分形式的动量方程，即欧拉运动方程。

比较式 (2-29) 和静平衡方程式 (2-17)，可以发现：在静止流体中各点压强的不同，完全是由彻体力造成的；而在流动时，如果彻体力作用之外，速度变化也使压强发生变化，事实上，如果流动的是气体，如果彻体力只有重力的话，那么彻体力的作用可以忽略不计，压强的变化主要取决于速度的变化。

2.3.4 伯努利方程

伯努利方程就是能量守恒定律在流动液体中的表现形式，对式(2-29)积分，可求出理想流的能量方程，即伯努利方程。或者运用单位时间内外力对该段做功和功能原理也可以推导出其表达式。伯努利方程的物理意义为：对不可压理想流体在重力作用下作定常流动时，对有旋流动，沿同一流线单位质量流体的位势能、压力势能以及动能之和为常数。对无旋流动，整个流场所有各点的总机械能为一常数。

当彻体力仅有重力一种时，可知，$f=-g$，$f_s=-g\cos\varphi$，并且 $\cos\varphi=dy/ds$。对于定常不可压流来说($\frac{\partial v}{\partial t}=0$)，将其代入式(2-29)可以写成：

$$v\frac{dv}{ds}=-\frac{1}{\rho}\frac{dp}{ds}-g\frac{dy}{ds}$$

或

$$\frac{d}{ds}\left(\frac{1}{2}v^2+\frac{p}{\rho}+gy\right)=0$$

上式积分后得：

$$\frac{1}{2}v^2+\frac{p}{\rho}+gy=C \tag{2-30}$$

式(2-30)称为伯努利方程，式中 C 为常数。用于液体时，往往写成下列的形式：

$$\frac{v^2}{2g}+\frac{p}{\gamma}+y=C_1 \tag{2-31}$$

式中，y 为单位质量流体具有的位势能，$\frac{v^2}{2g}$ 为单位质量流体具有的动能，$\frac{p}{\gamma}$ 为为单位质量流体具有的压强势能，而右边项为常数 C_1。$\lambda=g\rho$ 是质量密度；左侧三项都可以看作是高度。第三项代表从某个基点($y=0$)竖直向上量的高度，它是单位质量的流体的位势能；第二项为根据液体内的压强折合成的该种液体的液柱高度；第一项可以理解为单位质量液体的动能折合成位能对所应具有的高度。这些高度都称为压头，第一项称速度头；第二项称静压头，第三项称几何头。式(2-31)规定，流动液体中，各点的速度头（动压头）、静压头和几何头三者之和是一个常数。这个常数称为"总压头"，记为 H_0：

$$\frac{v^2}{2g}+\frac{p}{\gamma}+y=H_0 \tag{2-32}$$

v 的单位是 m/s，P 的单位是 N/m²，γ 的单位是 N/m³，H_0 的单位是 m。使用时，可根据某一已知点的已知参数，计算该流动的 H_0。对于理想流，各处的总压头都等于 M_0，也可以用两点之间的关系，彼此三项和相等，而不必算出 H_0 来。

伯努利方程的应用有很多，如用流速的测定流量的测定等。文丘里的测定原理见【例2-3】。

【例2-3】 有倾斜放置的变截面的水管（文丘里管），如图2-10所示。测得 A_1 和 A_2 两截面中心点的静压差为 h(m)汞柱。已知 A_1 和 A_2 的面积以及它们中心点高度 y_1 和 y_2，求流量。

解： 对两截面的中心点，应用式(2-31)，有 $\frac{v_1^2}{2g}+\frac{p_1}{\gamma}+y_1=\frac{v_2^2}{2g}+\frac{p_2}{\gamma}+y_2$ 将

$v_1 = v_2(A_2/A_1)$ 和 $(p_2 - p_1)/\gamma = -(y_2 - y_1) + h[1 - (\gamma_{Hg}/\gamma)]$ 代入上式（v_2 的单位是 m/s）

得 $v_2 = \sqrt{2gh(1 - \frac{\gamma_{Hg}}{\gamma})/[(A_2/A_1) - 1]}$ 从而得体积流量（单位是 m³/s）

$$Q = v_2 A_2 = A_2 \sqrt{2gh(1 - \frac{\gamma_{Hg}}{\gamma})/[(A_2/A_1)^2 - 1]}$$

式中：γ_{Hg}、γ——汞和水的重度。

用于定常流动的气流,式(2-30)中的第三项可略去,通常写为：

$$p + \frac{\rho}{2}v^2 = C \tag{2-33}$$

式(2-33)的第一项是气流的压强,通常称为静压；第二项也相当于一个压强,是由流动造成的压强,称为动压。式(2-33)表明：在定常气流中,动压和静压之和是一个常数,称为总压,记作 p_0：

$$p + \frac{\rho}{2}v^2 = p_0 \tag{2-34}$$

由式(2-34)动压和静压之和是常数可知,在流场中,流速高处则静压较低,而流速低处静压较高；当速度为零时,动压为零,因此,静压等于总压值。

当测量管道内测静压和总压时可运用图 2-11 的方法。图上的静压是表压。测总压时,探头正对来流,气流撞入探测孔后,速度降为零。原来的动压 $\frac{\rho}{2}v^2$ 转变成了压强,和静压合在一起成为总压,表现为 h 液柱的表压。静压的测孔应严格垂直于壁面（即垂直于气流）,这样读数 h_2 液柱才真正代表测孔那个截面上气流的静压。动压是 h_1、h_2 液柱两个读数之差：$\frac{\rho}{2}v^2 = \gamma(h_1 - h_2)$。式中的 γ 是 U 形管压力计中所用测液的质量密度。也可以直接把总压探头、静压探头相静压管连在同一个 U 形管上,读数 h_3 就是动压：$\frac{\rho}{2}v^2 = \gamma h_3$。注意同一截面上各点的静压是同一个值,管壁上测得的静压就是截面上任意点的静压。总压探头的探孔必须放在静压孔此处的那个截面的中心处。

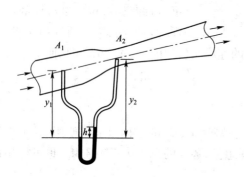

图 2-10　倾斜放置的文丘里管

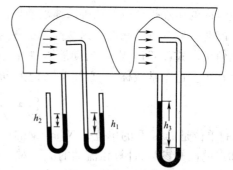

图 2-11　静压、动压和总压测量法

2.3.5　动量方程

对于一个动量控制体,由动量守恒定律可知,控制体内的动量增量以及在某个方向上出入控制体的动量差都等于同方向上的作用力以及彻体力的冲量。动量方程描述的是动量守恒规律:控制体内动量随时间的变化率等于作用在控制体上的力。它并不需要了解控制体内部的详情,但是需要了解控制体面上的情况。

首先确定一个控制体,控制体的控制曲面由截面 1 和截面 2 及侧表面组成。控制面是和坐标轴固定在一起的,同时假定整个流动发生在一个平面上。设截面 1 上的流动参数是 v_1, p_1;截面 2 上的是 v_2, p_2。

如图 2-12 所示,截面 1 到截面 2 内的一段流体,经 Δt 上时间后流动到了截面 1′ 至 2′ 的位置。在 Δt 时间中,2-2′段代替了 1-1′段,同时 1′-2 段中的流体动量也可能有变化。由于动量是矢量,因而需要分别讨论 x 向和 y 向的动量变化,Δt 时间内流入控制面的质量是 $\rho v_1 A_1 (\Delta t)$,它在 x 向的动量是 $\rho v_1 A_1 (\Delta t) v_1 \cos\theta_1$,式中的 θ_1 是流速 v_1 和正 x 向轴之间的夹角。这就是 1-1′段中的流体动量。同理,流出控制面的流体在 x 向动量是 $\rho v_2 A_2 (\Delta t) v_2 \cos\theta_2$,这是 2-2′段中的流体动量。

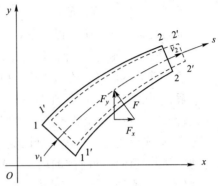

图 2-12 动量控制体

1-2 内微段流体的动量是 $\rho v^2 A \cos\theta \mathrm{d}s$,随时间的变化率是 $\frac{\partial}{\partial t}(\rho v^2) A \cos\theta \mathrm{d}s$,整段流体的动量增量是 $(\Delta t)\int_1^2 \frac{\partial}{\partial t}(\rho v^2) A \cos\theta \mathrm{d}s$;$\Delta t$ 时间内总的动量增量是:

$$\left[\rho v_2^2 A_2 \cos\theta_2 - \rho v_1^2 A_1 \cos\theta_1 + \int_1^2 \frac{\partial(\rho v^2)}{\partial t} A \cos\theta \mathrm{d}s\right](\Delta t)$$

在正 x 向的这些动量增量等于控制面上所有的作用力在 x 向的分量的冲量,再加上彻体力 f_x 作用的冲量。控制面上的作用力有截面 1 和 2 上的压力和侧壁上的力。前者是 $p_1 A_1 \cos\theta_1 - p_2 A_2 \cos\theta_2$,后者是侧壁上的分布力(连摩擦力也可以包括进去)。详细的分布情况通常是未知的,其合力往往是所要求的力,记为 F_x。彻体力是 $\int_1^2 \rho f_x A \mathrm{d}s$,因而总的作用力的冲量是:

$$\left[p_1 A_1 \cos\theta_1 - p_2 A_2 \cos\theta_2 + \int_1^2 \rho f_x A \mathrm{d}s + F_x\right](\Delta t)$$

按动量守恒定律得:

$$\rho v_2^2 A_2 \cos\theta_2 - \rho v_1^2 A_1 \cos\theta_1 + \int_1^2 \frac{\partial(\rho v^2)}{\partial t} A \cos\theta \mathrm{d}s$$

$$= p_1 A_1 \cos\theta_1 - p_2 A_2 \cos\theta_2 + \int_1^2 \rho f_x A \mathrm{d}s + F_x \tag{2-35}$$

如果是定常流,而且彻体力又可以略去不计,则:

$$F_x = (p_2 A_2 + \rho v_2^2 A_2)\cos\theta_2 - (p_1 A_1 + \rho v_1^2 A_1)\cos\theta_1 \tag{2-36}$$

同理有

$$F_y = (p_2 A_2 + \rho v_2^2 A_2)\sin\theta_2 - (p_1 A_1 + \rho v_1^2 A_1)\sin\theta_1 \tag{2-37}$$

F_x、F_y 的正向都和坐标轴的正向相同,但要注意 F_x、F_y 都是流体受到的力,管壁受到的竟是 $-F_x$、$-F_y$。

【例 2-4】 水箱储水,水面下 h 处有一放水小孔。放水孔接了一段逐渐收缩形的短管。收缩曲线是光滑的,最后的出口截面积是 A。求打开孔口放水时,水箱所受到的反推力(图 2-13)。

解： 在图 2-13 中，压强只计表压，将伯努利方程用于水面及出口截面两处，$0+0+h=\dfrac{v^2}{2g}+0+0$，得：

$$v^2 = 2gh$$

划取控制体如图中的虚线，用式(2-30)，得：

$$F = (0+\rho v^2 A) \times 1 - (0+0) \times 1 = \rho v^2 A = 2g\rho hA$$

水箱受力为 $-2g\rho hA$，指向左。

【例 2-5】 气流从截面为 A_1 的直管流入截面为 A_2 的直管，$A_2 > A_1$。截面的变化是凸变式的。求管道突然扩张处流动的总压损失。

解： 如图 2-14 所示，在控制体中，气流从小直径流到大直径，由于截面大小的突然变化，靠近管壁的气流不能立即贴着管壁变化，因此在由小截面 1 流出到突然扩张后的四周产生气流分离，形成分离区。分离区处的流动混乱，有明显的回流现象，而靠近直管中心的气流向前流动。随着气流流动时间的增长，气流将填满整个大直径截面，最后在截面 2 处气流逐渐均匀，趋于一维流动。但是在分离段内，流体内部有摩擦损失，这损失表现为总压的下降。用动量定律可以计算总的压降。

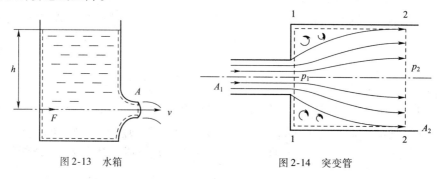

图 2-13 水箱 图 2-14 突变管

引用 x 向的动量守恒定律，需要知道整个控制面上气流的作用力，不计侧壁上的摩擦力。设截面 2 上气流的压强为 p_2；截面 1 上气流的压强为 p_1，无流动的端壁上（即截面 1 除去中间通道之外的端壁面）的压强必也是 p_1，这是根据试验得知的。根据动量守恒定律有：

$$\rho v_2^2 A_2 - \rho v_1^2 A_1 = A_2(p_1 - p_2)$$

再用连续方程 $v_1 A_1 = v_2 A_2$，将 A_2/A_1 改为 v_1/v_2，得：

$$p_2 - p_1 = \rho v_2 (v_1 - v_2)$$

扩张以前的总压是 $p_{01} = p_1 + \dfrac{\rho v_1^2}{2}$，扩张后是 $p_{02} = p_2 + \dfrac{\rho v_2^2}{2}$

损失 $\Delta p_{2-1} = p_{01} - p_{02} = p_1 - p_2 + \dfrac{\rho}{2}(v_1^2 - v_2^2)$ 于是有：

$$\Delta p_{2-1} = \rho v_2^2 - \rho v_1 v_2 + \dfrac{\rho}{2} v_1^2 - \dfrac{\rho}{2} v_2^2 = \dfrac{\rho}{2}(v_1 - v_2)^2$$

或

$$\Delta p_{2-1} = \dfrac{\rho}{2} v_1^2 \left[1 - \left(\dfrac{A_1}{A_2}\right)^2\right]$$

管路断面扩张得越大，损失越大。

2.4 管中流动

2.4.1 流态与雷诺数

流态问题是在科学实验中发现的。1883年，奥斯本·雷诺（Osborne Reynolds）做管道中的水流实验时，观察到液流中存在着两种截然不同的流态。图2-15是流态实验装置图。它由能保持恒定水位的水箱、试验管道及能注入有色液体的部分等组成。开启电流开关向水箱充水，使水箱保持恒压。微微开启泄水阀及有色液体盒出水阀，使有色液体流入管中。调节泄水阀，使管中的有色液体呈一条直线。这说明，当流体流速较小时，流体质点只沿流动方向作一维的运动，与其周围的流体间无宏观的混合，这种直态称为层流状态。继续逐渐开大泄水阀开度，使有色液体由波状形变成微小涡体扩散到整个管内，整个截面上都有颜色，不再是一条线了。这说明，当流速达到一定程度时，各流层的液体形成涡体并能脱离原流层，液流质点即互相混杂，液流呈紊流运动。这种流态称为紊流（又称湍流）。雷诺实验还发现存在着湍流转变为层流的临界流速v_0。v_0与流体的黏性、圆管的直径d有关。若要判别流态，就要确定各种情况下的v_0值。同时增大圆管的直径d和流速会加快流态的转变，而流体的运动黏度v起反比作用。总结起来，决定流态的是下列的组合参数：

$$Re = \frac{\bar{v}d}{v} \tag{2-38}$$

雷诺数是流体惯性力与黏性力比值的量度，它是一个无量纲量。雷诺数较小时，黏滞力对流场的影响大于惯性力，流场中流速的扰动会因黏滞力而衰减，流体流动稳定，为层流；反之，若雷诺数较大时，惯性力对流场的影响大于黏滞力，流体流动较不稳定，流速的微小变化容易发展、增强，形成紊乱、不规则的紊流流场。当雷诺数变大时，层流就会变为紊流。层流变紊流是一种不稳定现象，一些扰动因素，如管壁的粗糙度增大、放水管入口的形状不好（如管壁的线型不圆滑）等，也能促使紊流流态提早发生。

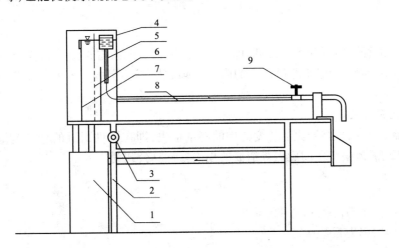

图 2-15 雷诺实验

1-自循环供水器；2-实验台；3-晶闸管无极调速器；4-恒压水箱；5-有色水水管；6-稳水孔板；7-溢流板；8-实验管道；9-实验流量调压阀

雷诺数相当于运动流体具有的惯性力与所受的黏性力之比，即：

$$Re = \frac{惯性力}{黏性力} \tag{2-39}$$

因此,Re 数越小的流动,黏性作用越大(相对于惯性力而言),反之亦然。在管道中,当 Re 数较小时,流体黏性作用较强,流动比较规则地成层流流动,当 Re 数较大时,流体的惯性作用较大,稍有扰动即发生紊乱,形成紊流。

2.4.2 管流损失

由于流动的不均匀性以及液体存在黏性,流体的能量不是一成不变的,而是随着几何形状、液体性质而变化的。流动过程中所产生的能量损失成为管流损失,它主要包括两类:沿程能量损失、局部能量损失。

1. 沿程能量损失

由流体的黏性导致同一截面上的流速不同,和管壁直接接触的那一层流体必然粘在管壁上,流速是零。从管壁到中心,流速逐渐增大,在中心处达到大值,由此产生的阻力为沿程阻力,而阻力的表现就是能量的损耗。因此发生在缓变流整个流程中的能量损失成为沿程能量损失。计算公式为:

$$h_f = \lambda \frac{l}{d} \frac{v^2}{2g} \tag{2-40}$$

式中:h_f——单位重力流体的沿程能量损失;
λ——沿程阻力系数;
l——管道长度;
d——管道内径;
$\frac{v^2}{2g}$——单位重力流体的动压头(速度水头)。

由式(2-40)计算沿程能量损失主要应知道沿程阻力系数 λ。尼古拉兹实验曲线以 Re 为横坐标为:

$$\lambda = \frac{H_f}{\frac{l}{d} \frac{v^2}{2g}} = \frac{2\varepsilon p d}{\rho l v^2} \tag{2-41}$$

纵坐标将沿程阻力分为 5 个区域,即层流区、临界区、光滑管紊流区、过渡区以及粗糙管紊流区。计算沿程能量损失时找到相应的阻力区域,然后运用对应的计算所需经验和半经验公式。

2. 局部能量损失

发生在流动状态急剧变化的急变流中的能量损失,即在管件附近的局部范围内主要由流体微团的碰撞、流体中产生的旋涡等造成的损失。计算公式为:

$$h_j = \zeta \frac{v^2}{2g} \tag{2-42}$$

式中:h_j——单位重力流体的局部能量损失;
ζ——局部损失系数;
$\frac{v^2}{2g}$——单位重力流体的动压头(速度水头)。

3. 管流总损失

整个管道的能量损失是分段计算出的能量损失的叠加。即:

$$h_w = \sum h_f + \sum h_j \tag{2-43}$$

式中：h_w——总能量损失。

2.5 边 界 层

2.5.1 边界层的物理图画

在壁面上气流流度为零，在垂直于平板的法线方向上，速度从零迅速增大，到距壁面某一距离 δ 时，流体的速度达到 $99\% v_\infty$ 值，再往外，流体速度几乎不再改变而为 v_∞。速度小于 $99\% v_\infty$ 的区域称为边界层。根据黏性公式：$\tau = \pm \eta \dfrac{\mathrm{d}v}{\mathrm{d}y}$，在边界层内，流体速度迅速从零达到 $99\% v_\infty$，此时虽然 η 值很小，但边界层内的 $\mathrm{d}v/\mathrm{d}y$ 很大，结果 τ 的数值会达到不可忽视的程度。在边界层外，流体速度从 $99\% v_\infty$ 变到 v_∞ 值，这时 $\mathrm{d}v/\mathrm{d}y$ 不大，因而尽管流体本身具有黏性，但因 τ 值很小，可以忽略不计，因此边界层外的流动可近似地当做理想流体来看。

2.5.2 边界层的流动特点

边界层内的流动有层流与紊流两种。由图 2-16 可见，当流体流到物体前端 A，流体开始进入边界层。最初，边界层内的流动保持成层地运动，图中 AT 段就是层流边界层，这里的速度分布与管内的层流很接近，流体在 AT 段经不断摩擦后，开始紊乱，于是在 TS 段出现了流体质点的横向混杂运动，使边界层的流动变成了紊流流动。T 点附近是层流向紊流过渡的区域，可以近似地看成一点，称为转捩点。在 S 点，边界层内有涡流产生，此后流动进入涡流区。

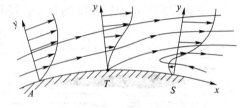

图 2-16 边界层的流动

边界层厚度与雷诺数成反比，雷诺数越大，边界层越薄，反之亦然。对平板而言，在低速时其规律为：

层流时：
$$\delta \propto \left(\dfrac{1}{Re}\right)^{\frac{1}{2}} \tag{2-44}$$

紊流时：
$$\delta \propto \left(\dfrac{1}{Re}\right)^{\frac{1}{5}} \tag{2-45}$$

边界层的厚度亦随流动距离 x（距 A 点的距离）的增大而增大，对平板而言，在低速时，其规律为：

层流时：
$$\delta \propto x^{\frac{1}{2}} \tag{2-46}$$

紊流时：
$$\delta \propto x^{\frac{4}{5}} \tag{2-47}$$

在相同 Re 数下，紊流边界层的厚度比层流的大；随着 x 增大，紊流边界层厚度比层流边界层的原度增长得快。压强 p 在边界层内沿 y 方向几乎不变，即：

$$\dfrac{\partial p}{\partial y} = 0$$

在边界层内，同一条法线上，物面上的压强与边界层边界上的压强相等。

可认为黏性只限于在物面附近很薄的一层边界层内存在，而层外气流可认为是无黏性的。

2.5.3 位移厚度

边界层的存在会引起边界层外流动发生改变,使管道有效面积减小,并使边界层外边界外移,外移的厚度就是位移厚度 δ^*,其定义式为:

$$\delta^* = \int_0^\delta (1 - \frac{v}{v_\infty}) \mathrm{d}y \qquad (2\text{-}48)$$

2.6 流场、流线和流谱

2.6.1 流场

流场指的是流动在进行的空间,是指流动参数的分布情况和随时间的变化情况,例如速度场、压强场和温度场等,其中速度场最重要。这些场均是位置和时间的函数,即:

$$\begin{aligned} v &= v(x,y,z,t) \\ p &= p(x,y,z,t) \\ T &= T(x,y,z,t) \end{aligned} \qquad (2\text{-}49)$$

下面我们举例说明速度场和压强场是怎样变化的。如图 2-17 所示,在没有模型时,流场是均一的,各处流速相同。放进模型之后,模型迫使气流分成两路,分别绕模型的上下方而过,而且紧挨着模型和离模型有一定距离的气流流速有变化,流场也不再是均一的,流速的大小和指向都有了一定变化。这种扰动离模型越远影响越弱。这样,整个流场上便出现了一定的速度分布,从而派生出一定的压强分布。

图 2-17 流场

2.6.2 流线和流谱

流场中每一点都有一个速度矢,在某一瞬间从某一点出发,顺着该点的速度矢向前画一微小的距离到达邻点,按该点的速度矢再向前画一个微小的距离,到达第三点,再按第三点的速度矢画下去,如图 2-18 所示。把每一段微小距离缩到无限小,便得一条光滑曲线。在这条曲线上的任何一点,曲线和切线都和该点上流体微团的速度矢一致。这种线名为流线。在一流场,这样的线可以画出无数条。在非定常流的流场上,这些流线是同一瞬间曲线,下一瞬间会变成另外一组曲线。用这样一些流线可以把一个具体的流动情况表示出来。这种具体的流动图称为流谱。按流线的定义,流线的微段 $\mathrm{d}s$ 的三个分量 $\mathrm{d}x$、$\mathrm{d}y$、$\mathrm{d}z$ 和流速的三个分量 v_x、v_y、v_z 有如下的关系:

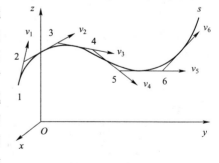

图 2-18 流线图

$$\frac{\mathrm{d}x}{v_x} = \frac{\mathrm{d}y}{v_y} = \frac{\mathrm{d}z}{v_z} \qquad (2\text{-}50)$$

如果已知流场各点的三个分速,但流线无法用解析式表达,那可以用式(2-50)把流线一小段接一小段地画出来。

除流线外,另外还有流管和流面两个概念。流管是由一系列相邻的流线围成的。在三维流里,经过某条一般围线[如图2-19a)中的围线 $ABCDA$]的那些流线围成一条流管。所谓一般的围线是指有流量穿过去的那种封闭曲线,而不是像图2-19b)流管侧表面上 $KLMK$ 那样的围线。围线 $KLMK$ 中是没有流量穿过的。由流线围成的流管像一条具有固壁的实物管子一样,管内的流体是不会越出流管流到管外的;反之,外面的流体也不会流进去。流面是由一系列相邻的流线连接的曲面,不一定合拢成流管。当然流管的侧表面也是一个流面。流面也是流动不可穿越的面。

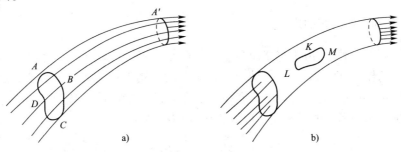

图 2-19 流管

练 习 题

1. 流体的性质包括哪几个方面?
2. 写出表征流体三个基本参数以及流体动力学的三个基本定律。
3. 写出流体的黏性、运动黏性的定义以及黏性定律。
4. 真实流体和理想流体的区别是什么?
5. 管流损失的组成包括哪几部分?
6. 写出流体静力学的基本概念:流态与雷诺数,边界层,流场,流线,流谱等。

第3章 汽车空气动力学概述

3.1 气动力和力矩

3.1.1 气动力和力矩的产生

汽车在路面上行驶时,由于与路面和空气都存在着相对运动,除了受到来自地面的力外,还受到了空气的作用,即气动力。气动力在汽车上的作用点被称为风压中心,通常用 C.P 表示(Center of Pressure)。通过大量的研究和试验证明,气动力与运动速度的平方、汽车的迎风面积以及取决于车身形状的无量纲系数成正比,可表达为:

$$F = qSC_F = \frac{1}{2}\rho v_\infty^2 SC_F \tag{3-1}$$

式中:F——气动力;

ρ——空气密度;

v_∞——汽车与空气的相对速度,也称为来流速度,$v_\infty = \sqrt{v_x^2 + v_y^2}$,$v_x$ 和 v_y 为纵向气流和侧向气流相对于汽车的速度;

C_F——气动力系数;

S——汽车迎风面积,也称为正投影面积,包括车身、轮胎以及底盘等零部件的前视投影,如图 3-1 所示,将汽车放置在平行光源与屏幕之间,此时,汽车的正投影面积既不放大也不缩小地投射在屏幕上。

这里引入了气动力系数的概念,是为了评价汽车的空气动力性能。我们研究汽车与空气的相对运动,目的是分析气动力对汽车性能的影响,除了要考虑气动力以外,还要考虑惯性力、摩擦力和重力等,为了方便分析,需要将这些力等效到汽车的重心上,根据力学原理,平移后的力除了大小和方向保持不变外,还会附加产生一个力矩。因此,将气动力从风压中心平移到重心后,就会产生附加的气动力矩。

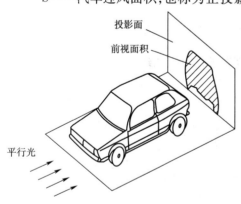

图 3-1 汽车正投影面积

3.1.2 气动力和力矩的计算

将气动力作用点平移到汽车的重心位置,并沿着车身坐标系 x、y、z 三个方向进行分解,可以表示为气动阻力、侧向力和气动升力以及侧倾力矩、横摆力矩和纵倾力矩,计算公式如下所示。

阻止汽车前进的气动阻力(drag):

$$D = \frac{1}{2}\rho v_\infty^2 S C_D \tag{3-2}$$

水平方向上的侧向力(side force):

$$S = \frac{1}{2}\rho v_\infty^2 S C_S \tag{3-3}$$

垂直方向上的气动升力(lift):

$$L = \frac{1}{2}\rho v_\infty^2 S C_L \tag{3-4}$$

绕 x 轴旋转的侧倾力矩(roll moment):

$$M_R = \frac{1}{2}\rho v_\infty^2 S C_{RM} L \tag{3-5}$$

绕 y 轴旋转的纵倾力矩(pitch moment):

$$M_P = \frac{1}{2}\rho v_\infty^2 S C_{PM} L \tag{3-6}$$

绕 z 轴旋转的横摆力矩(yaw moment):

$$M_Y = \frac{1}{2}\rho v_\infty^2 S C_{YM} L \tag{3-7}$$

式中:C_D——气动阻力系数;

C_S——侧向力系数;

C_L——气动升力系数;

L——特征长度,一般指汽车的轴距;

C_{RM}——侧倾力矩系数;

C_{PM}——纵倾力矩系数;

C_{YM}——横摆力矩系数。

通常情况下,我们将这3个力和力矩统称为气动六分力,如图3-2所示。

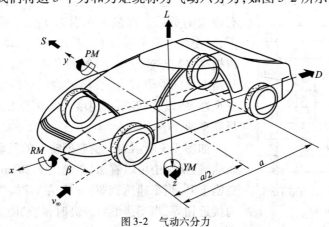

图 3-2 气动六分力

3.2 气动力对汽车性能的影响

汽车空气动力学是研究汽车与空气相对运动时的现象和作用规律的一门科学,在能源、交通和环保等领域也发挥着十分重要的作用。汽车空气动力特性是汽车的重要性能,它是指汽车在流场中受到气动六分力的作用,而产生的车身外部和内部的气流特性、侧风稳定性、气动噪声特性、泥土附着和上卷、刮水器上浮、发动机冷却、驾驶室通风和空气调节等特性。

随着经济的发展,汽车的保有量越来越多,人们对汽车的动力性、安全性、操纵稳定性、经济性等提出了越来越高的要求,特别是由于世界能源危机、石油价格不断攀升,使改善汽车的燃油经济性成为汽车技术的重要课题。汽车空气动力特性对汽车的动力性、经济性和操纵稳定性等都有直接的影响,设计出空气动力特性良好的汽车,是提高汽车动力性和经济性的重要途径。气动六分力直接影响到汽车的空气动力特性,下面分别讨论气动力特性对动力性、经济性和操纵稳定性的影响。

3.2.1 气动力特性对动力性的影响

动力性是指汽车在良好路面直线行驶时,受到的纵向外力决定的所能达到的平均行驶速度,动力性的主要评价指标是最高车速、加速时间和最大爬坡度。

1. 气动力对最高车速的影响

汽车在路面上行驶时,不仅受到气动阻力,还有滚动阻力,如果在有坡度的路面行驶,还会受到爬坡阻力,在加速的时候还存在加速阻力。汽车采用直接挡或者超速挡在良好水平路面上所能达到的最高速度称为最高车速,这时没有加速阻力,也不存在爬坡阻力,汽车的牵引力只需要克服气动阻力和滚动阻力,即满足下面的关系式:

$$F = D + (G - L)f = \frac{1}{2}\rho C_D v_\infty^2 S + (G - \frac{1}{2}\rho C_L v_\infty^2 S)f \tag{3-8}$$

在其他影响因素不变的情况下,汽车具有最大牵引力 F_{max} 时,汽车达到最高车速为:

$$v_{max} = \left[\frac{F_{max} - Gf}{\frac{1}{2}\rho S(C_D - C_L f)}\right]^{\frac{1}{2}} \tag{3-9}$$

从上面的公式中可以看出,汽车的最高车速不仅与气动阻力密切相关,而且与气动升力也有很大的关系。在最大牵引力 F_{max} 和重力 G 一定的情况下,减小气动阻力系数 C_D 或者增大气动升力系数 C_L 均可以提高最高车速。但是,气动升力系数的提高会降低轮胎与路面之间的附着力,直接影响汽车的操纵稳定性和行驶安全性,所以,一般不采用增大气动升力系数的办法来提高最高车速。

如图3-3所示为一辆典型轿车的气动阻力与车速的关系曲线,从图中可以看出,车速大于20km/h以后,气动阻力急剧上升,当车速达到80km/h左右时,气动阻力与滚动阻力接近相等,当车速继续升高时,气动阻力在行驶阻力中所占的比重越来越大,当车速达到150km/h时,气动阻力相当于滚动阻力的2倍。

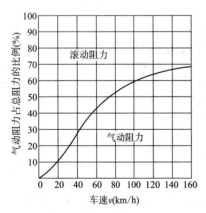

图3-3 气动阻力与车速的关系

2. 气动力对加速时间的影响

汽车的加速能力与交通安全直接相关,这个特性不仅对于赛车和跑车至关重要,而且对于普通汽车来说也是十分重要的,汽车的加速时间越短,它的加速性能越好。加速度即速度对时间求导:

$$\frac{dv_a}{dt} = \frac{dP_e}{dt} \frac{3600\eta_T}{Gf + \frac{3}{2}\rho C_D S v_a^2} \tag{3-10}$$

$\frac{dP_e}{dt}$ 表示发动机的功率随着时间的增长率,这取决于发动机的功率曲线,从公式中可以看出,汽车的加速度首先取决于发动机的加速特性,其次,加速度还与气动阻力系数 C_D 有近似于反比的关系,即减小气动阻力,可以使汽车的加速度增加,同时从公式中还可以看出,减小汽车的自重,也有利于汽车加速度的提高。需要指出的是,汽车的加速能力还与汽车的行驶速度有关,汽车从静止开始行驶时,它的加速度值可能较大,当汽车达到最大速度时,它的加速度值就减小为零,这是因为气动阻力的增加导致了加速能力的降低。

3. 气动力对最大爬坡度的影响

汽车的最大爬坡度是指汽车所能通过的最高坡度,常用垂直高度与水平距离的比值来表示,这个性能直接反映了汽车的通过能力,最大爬坡度越大,汽车的通过能力和越野性能越好。

根据汽车的行驶方程式,汽车在行驶过程中,总的驱动力与总的阻力应该保持平衡,即:

$$F = F_1 + F_2 + F_3 + F_4 = \frac{1}{2}\rho C_D v^2 S + (G\cos\theta - L)f + G\sin\theta + \delta \frac{G}{g}\frac{dv}{dt} \tag{3-11}$$

式中: F ——汽车的驱动力;

F_1, F_2, F_3, F_4 ——汽车行驶时受到的气动阻力、滚动阻力、爬坡阻力和加速阻力。

汽车在爬到最大坡度时,加速阻力为零,则汽车的牵引力秩序要克服气动阻力、滚动阻力和爬坡阻力,即:

$$F = \frac{1}{2}\rho C_D v^2 S + (G\cos\theta - L)f + G\sin\theta \tag{3-12}$$

式中: θ ——坡度角。

通常情况下 θ 较小,可以近似认为:

$$\cos\theta \approx 1$$
$$\sin\theta \approx \tan\theta = i$$

i 即为爬坡度。

式(3-12)可以表示为:

$$i = \frac{1}{G}\left[F - (G-L)f - \frac{1}{2}C_D\rho v^2 S\right] \tag{3-13}$$

从上面的公式可以看出,最大爬坡度不仅与汽车的质量、速度、车轮的滚动摩擦系数有关,而且还与气动阻力和气动升力有关,气动阻力越大,最大爬坡度越小。

3.2.2 气动力对经济性的影响

汽车的燃油经济性一般通过一定工况下的百公里油耗或者一定油耗能使汽车行驶的里程来衡量,在中国,燃油经济性指标的单位为 L/100km,即汽车行驶 100km 所消耗的燃油升数,它的数值越大,燃油经济型越差;而美国的标准为 mile/gal,即每加仑燃油能行驶的英里数,这个数值越大,汽车的燃油经济性越好。影响汽车燃油经济性的因素很多,包括发动机的性能、传动系统的性能、汽车的质量、汽车的外形、轮胎的性能、挡位的选择和汽车的使用维护等。

气动力对燃油消耗量的影响,是与汽车的种类、行驶道路的工况和使用情况等密切相关,因为各种汽车气动阻力的大小是各不相同的。当汽车在不平的路面上行驶时,在汽车上除作用有滚动阻力和气动阻力以外,还作用有加速阻力和爬坡阻力,这些阻力都要由驱动力来克服,因此,都要消耗燃油。图 3-4 为各种车辆的百公里油耗,从图中可以看出,轻型客车用于克服气动阻力的燃油消耗量最大,为 50% 左右,其次是普通货车,为 32% 左右。

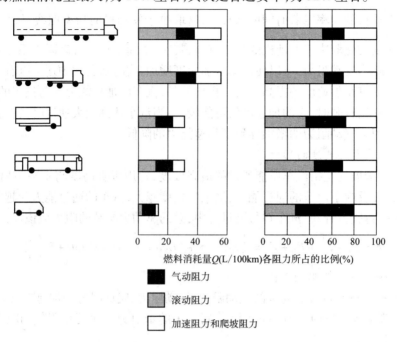

图 3-4　各种车辆每 100km 的燃料消耗量

通常情况下,燃油消耗主要考虑汽车等速行驶百公里的油耗,也就是不考虑加速阻力和爬坡阻力的情况,汽车的燃油消耗主要用来克服气动阻力和滚动阻力:

$$F = F_1 + F_2 = \frac{1}{2}C_D\rho v_a^2 S + (G-L)f \tag{3-14}$$

汽车等速百公里的功率平衡方程式可以表示为:

$$P_e\eta_T = \frac{C_D\rho S v^3}{7200} + \frac{(G-L)fv}{3600} \tag{3-15}$$

从公式中可以看出,消耗与克服气动阻力的功率与速度的三次方成正比,占了发动机功率很大的一部分,汽车的速度越高,消耗于气动阻力的功率越大。

其中用于气动阻力的燃油消耗量为:

$$Q = \frac{Dg_e}{3672\eta_T\gamma} = \frac{\rho S g_e}{7344\eta_T\gamma}C_D v^2 \quad (L/100km) \tag{3-16}$$

式中:Q——汽车等速百公里用于气动阻力的燃油消耗量;

g_e——发动机相应工况下的有效油耗率;

γ——燃油的重度,汽油一般为 6.96 ~ 7.15N/L,柴油可取为 7.94 ~ 8.13N/L。

从式(3-16)中可以看出,消耗于气动阻力的燃油量与车速的平方成正比,汽车的行驶速度越高,用于气动阻力的燃油消耗量越大。

图 3-5 ~ 图 3-8 分别为轿车的有关试验数据以及大客车、轻型客车和半挂车在各种道路条件下气动阻力系数与燃油经济性的关系。

从图中可以看出,气动阻力系数对燃油经济性的影响不仅与车速、试验工况而且还与道路条件有关。以图3-5为例可以看出,气动阻力系数C_D从0.42减小到0.30,在混合循环时,燃油消耗量可以减小9%左右;在车速为150km/h时,燃油消耗减少量竟然高达25%左右。从大客车、轻型客车和半挂车的有关试验数据分析,路面的影响是水平路最大,一般路其次,坏路最小。

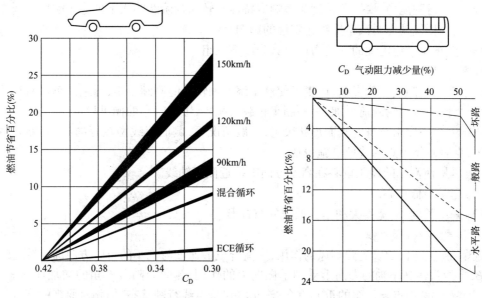

图3-5 气动阻力系数与燃油经济性　　图3-6 大客车气动阻力系数与燃油经济性

假设一个国家的汽车保有量为1000万辆,这些汽车平均以60km/h的速度行驶,每辆汽车每年平均行驶8000km,发动机的平均功率为22kW,等速百公里的油耗为11.5L,那么每年将消耗的燃油总量为92亿L。如果使这些汽车的气动阻力减小2%,所需的发动机实际功率大约下降0.5%,因此每年可节约4600万L燃油。由此可见,通过减小气动阻力的方法来降低燃油消耗是很有潜力的。

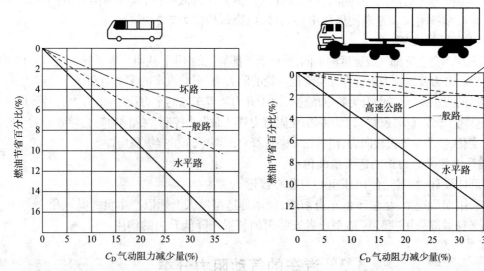

图3-7 轻型客车气动阻力系数与燃油经济性　　图3-8 半挂车气动阻力系数与燃油经济性

3.2.3 气动力对操纵稳定性的影响

汽车的操纵稳定性是指驾驶员在不感到紧张疲劳的情况下,汽车能遵循驾驶员给定的方向行驶,当遭遇到外界干扰时,汽车能抵抗干扰保持稳定行驶的能力。汽车的操纵稳定性不仅影响汽车驾驶的操纵方便程度,而且也是决定汽车安全行驶的主要性能。

汽车操纵稳定性的评价指标有:直线行驶性、回正性、转向半径、转向轻便性、典型行驶工况性能、极限行驶能力、横摆角速度频率响应特性和转向盘阶跃输入下的稳态响应和瞬态响应等,本节只分析气动力对汽车操纵稳定性的影响。

影响汽车操纵稳定性的气动力可以分为以下三组。

1. 侧倾力矩

由于车身周围气流的影响,产生了使汽车绕 x 轴转向的侧倾力矩,导致汽车左右车轮载荷发生变化,使一侧车轮载荷增加,另一侧车轮载荷减小,影响汽车的操纵稳定性。

侧倾力矩主要由车身的侧面形状决定,一般情况下,侧面流线型较好的汽车,侧倾力矩相应较小,克服侧倾力矩的造型措施包括:

(1) 尽量使汽车的风压重心在高度方向上接近侧倾轴线。

(2) 尽量降低重心。

(3) 采用长度小、宽度大和车身低矮的布置形式。

2. 侧向力和横摆力矩

汽车在行驶时,如果受到侧风的作用,气流合成的速度与汽车的行驶方向即 x 轴之间存在角度 β,导致汽车在 y 轴的方向上受到了侧向力的作用,侧向力随着 β 角的增加而显著上升。如果侧向力的作用点与汽车的重心重合,汽车将保持直线行驶状态,但相对原来的行驶方向会产生一定的偏转角度;如果侧向力的作用点与汽车的重心不重合,对汽车就会产生绕 z 轴旋转的横摆力矩,作用点在重心之前,汽车将随着风的方向发生偏转,造成稳定性恶化。要提高汽车行驶的方向稳定性,不仅要降低侧向力,而且应该使其作用点向车身后方移动。

克服侧向力和横摆力矩的造型措施包括:

(1) 总体设计时,合理的安排各总成位置,使风压重心位于重心之后。

(2) 尽量降低车身的高度,同时合理设计汽车横截面的流线型,以降横摆力矩。

(3) 通过车身附加装置来使风压中心后移,以降低横摆力矩的影响。

3. 升力和纵倾力矩

由于汽车车身上下部气流速度的不同,导致上下部静压的不同,从而产生了升力及绕 y 轴旋转的纵倾力矩。升力及纵倾力矩的存在会降低车轮的附着力,影响汽车的驱动力和操纵稳定性,特别是重心靠后的汽车,对前轮的升力特别敏感。由于升力随着车速的平方而增加,升力有时可以达到几千牛,这样会导致汽车"发飘",汽车因前轮附着力骤减而失去控制。纵倾力矩会导致前后车轮的载荷发生变化,使前轮失去转向力,使后轮失去附着力,影响汽车的操纵稳定性。

克服升力和纵倾力矩的造型措施包括:

(1) 总体设计时,尽量使风压重心与重心接近。

(2) 采用楔形造型,尽量压低车身前端,使尾部造型宽大上翘以产生负的纵倾角。

(3) 车身后部采用"鸭尾"造型或者安装附加装置来降低升力的作用。

3.3 汽车的气动阻力分类

3.3.1 阻力分类

气动阻力的方向与汽车的行驶方向相反,它是由压差阻力、摩擦阻力、干涉阻力、诱导阻力和内流阻力组成。

1. 压差阻力

压差阻力是由于空气的黏性作用,导致汽车前后部产生压力差而形成的阻力,是气动阻力的主要组成部分,占汽车总气动阻力的50%~65%。

为了说明压差阻力产生的机理,我们先来研究无黏的不可压流体绕二元圆柱体流动的情况。对于无黏流体,流体流过圆柱体的流线上下和左右都是对称的,如图3-9所示。

由于外形发生了变化,绕流流线上各点的当地速度v也是变化的,因而各点的静压也是变化的。物体表面的静压通常用压力系数C_P表示,即:

$$C_p = \frac{p - p_\infty}{\frac{1}{2}\rho v_\infty^2} \tag{3-17}$$

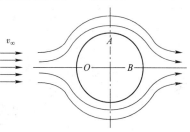

图3-9 无黏流体绕二元圆柱体的流线

式中:p——当地静压;

p_∞——来流静压;

v_∞——来流速度。

当地速度与静压系数之间的关系,可以由当地流体与来流之间的伯努利方程导出:

$$p + \frac{1}{2}\rho v^2 = p_\infty + \frac{1}{2}\rho v_\infty^2 \tag{3-18}$$

然后根据静压系数的公式,可以推导出:

$$C_p = \frac{p - p_\infty}{\frac{1}{2}\rho v_\infty^2} = 1 - \left(\frac{v}{v_\infty}\right)^2 \tag{3-19}$$

从图3-9可以看出,在O点,由于来流完全被阻滞,当地速度$v=0$,O点通常被称为驻点,由式(3-19)可知,该处的压力系数为正值,$C_p = 1$。当来流由O点流到A点时,相当于流体在收缩管道中流动,流体的速度v由0增到最大值,静压系数C_p由正值1降为负压最大值,这一段沿着表面的流动具有顺压梯度$\frac{\partial p}{\partial x} < 0$。流体由$A$点流到$B$点,相当于在扩张管道中流动,流体的速度$v$由最大值又逐渐降低为0,$C_p$由负压最大值上升为正值1,这一段沿着表面的流动

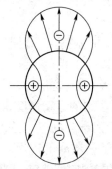

图3-10 无黏流体绕二元圆柱体的压力分布

具有逆压梯度$\frac{\partial p}{\partial x} > 0$。由于这种流动是对称的,它的压力系数分布也是对称的,如图3-10所示。这种假想的无黏性不可压流体,在流经圆柱体时不存在阻力,但是,这个结论与实际情况并不相符,这就是有名的达朗勃疑题,究其原因是忽略了流体的黏性。

当流体具有黏性时,流体绕圆柱体的流线和流动情况会发生根本的变化。流体从驻点O流向A点,在这一段具有顺压梯度$\frac{\partial p}{\partial x} < 0$,虽然由于黏性的作用使流体减速,但顺压梯度却使流体加速,因而流体能继续沿着圆柱体表面流动,从A点流到B点,在这一段流动具有逆压梯度$\frac{\partial p}{\partial x} > 0$,黏性作用和逆压梯度都会使边界层内的流体减速,在$B$点之前的某处,当地速度已经降低为0,以后则在逆压梯度的继续作用下发生倒流现象,如图3-11所示,倒

流开始出现的起始点 S 被称为分离点,这时,圆柱体前后的流线就不再具有对称的形状了。从分离点开始,下游的气流在逆压梯度的作用下倒流回来,而外层的气流又在来流的冲击带动下顺流而下,这就形成了旋涡。气流一旦分离便会增大并迅速扩散,从而在二元圆柱体后部形成湍流区,如图 3-12 所示,这是一个低速低压区域,通常称为尾流。湍流意味着能量的消耗,其静压系数表现为负值,圆柱体后部表面压强低于前部表面压强,形成了黏性压差阻力。在有黏性的情况下,流体绕圆柱体流动时,沿着圆柱体表面的压力分布如图 3-13 所示。

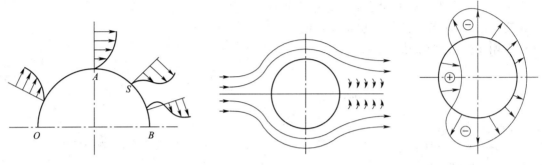

图 3-11 黏性流体的倒流现象　　图 3-12 黏性流体后部的湍流　　图 3-13 黏性流体绕圆柱体的压力分布

这种黏性压差阻力的大小取决于整个物体的形状,特别是物体的尾部形状,因此又被称为形状阻力。如果物体后部具有突然中断的尾部形状,如图 3-14 所示,其黏性压差阻力就会变得很大,如果将整个物体设计成流线型,如图 3-15 所示,就可以减小后部的逆压梯度,并使分离点后移,使尾流区域减小,从而使黏性压差阻力大大降低。但是,如果汽车后部采用这种长尾的造型,会导致后行李舱不实用也不方便,而且车身过长导致汽车侧风稳定性变差及尾部抖动等问题,因此,现代汽车都采用短尾的造型。

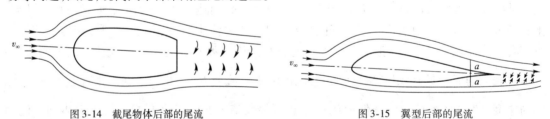

图 3-14 截尾物体后部的尾流　　　　　　　　图 3-15 翼型后部的尾流

2. 摩擦阻力

摩擦阻力是由于空气的黏性作用在车身表面上产生切向力而造成的,占汽车总气动阻力的 6% ~ 11%。下面以平板为例,说明摩擦阻力的产生原理。

空气具有黏性,在流过平板表面时,与表面接触的那层空气黏附在平板表面,这层空气的速度为零,紧靠这层气流的部分,由于空气微团之间的摩擦作用,部分降低了它的运动速度,在它更上面的那部分气流受到的影响更小,运动速度的减小量也更小。最下面部分的气流速度为零,随着距离的增加,气流速度逐渐增大,一直到与来流速度相等,形成了一层薄的边界层,如图 3-16 所示,边界层内有速度梯度 $\partial v / \partial y$,所以会产生有黏性切应力 τ,摩擦阻力直接与边界层底层 $y = 0$ 处的速度梯度 $(\partial v / \partial y)_{y=0}$ 的大小相关,如令 $y = 0$ 处的黏性切向应力为 τ_0,则:

$$\tau_0 = \mu (\partial v / \partial y)_{y=0} \tag{3-20}$$

在标准状况下,空气的黏性系数 $\mu = 1.7894 \times 10^{-5} \text{N} \cdot \text{s}/\text{m}^2$,虽然空气黏性系数很小,但由于边界层内的速度梯度很大,所以边界层内的摩擦力不能忽略。由于边界层外的速度梯度很小,所以边界层外的摩擦力可以忽略。通常情况下,将边界层外的气流作为无黏的理想流体处理,将黏性考虑限制在边界层以内,这样就将整个流场简单化,实践证明,这种简化处理能够满足实际要求。

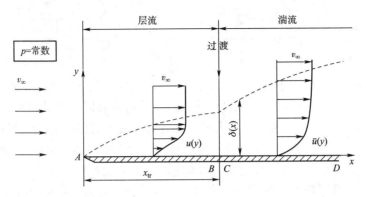

图 3-16 平板边界层

同样的道理,汽车表面边界层的流态和厚度都是会发生变化的。靠近汽车车身表面前部的边界层内,各层气流之间互相不干涉、流线平滑而且有层次,称之为层流边界层,此后,边界层厚度和壁面切应力会突然急剧增大,边界层内的流动变得互相干扰杂乱无章,称之为湍流边界层,如图 3-17 所示。由于湍流边界层底层速度梯度大,所产生的摩擦阻力比层流边界层大。实际上,汽车表面只有其前部存在一小部分层流边界层,其余大部分是湍流边界层。摩擦阻力的大小与边界层内的速度梯度和接触面积成正比,并与空气的黏性系数有关。

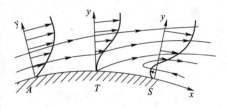

图 3-17 边界层的流态

3. 干涉阻力

干涉阻力是由不平整的车身外部各零部件、凸凹和缝隙等引起的气流干涉而形成的,占汽车总气动阻力的 5%~16%。

汽车的外表面有若干附件,包括装饰件、后视镜、门把手、流水槽、挡泥板、刮水器和天线等,这些附件不仅本身存在气动阻力,而且它们被装配到车身上时,会影响附近周围的气流流态,从而产生附加的气动阻力,这种现象被称为空气动力学干涉。实际上,这种干涉的真实影响是很难测量的。一方面,在汽车造型的初始阶段,当进行比例模型的风洞试验时,按比例缩小的这些小型突出零件所产生的空气动力学干涉效应可能与全尺寸的并不相似;另一方面,在全尺寸汽车上,这些附件的干涉影响是叠加的,我们仅能估计出各个影响的总和。如果要测量汽车附件的干涉效应,还要对每个全尺寸附件分别进行风洞试验。

4. 诱导阻力

诱导阻力是升力诱导产生的水平分力,占汽车总气动阻力的 8%~15%。为了说明其产生的机理,先分析一下气流流过大翼展二维机翼剖面的情形。当空气流经上下表面不对称的翼型时,如图 3-18 所示,空气质点流经上表面的路程比下表面的路程长,而流经后的空气质点又必须同时在机翼后缘汇合,因此流经上翼面的空气质点速度比下翼面的空气质点速度高。根据伯努利定理,上翼面的静压要小于下翼面的静压,所以在上下翼面间产生了压力差,如图3-19 所示,这就是机翼产生升力的基本原理。

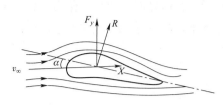
图 3-18 翼面上下空气质点流态

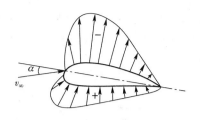
图 3-19 翼面上下压强分布

对于有限翼展的机翼,由于翼型上下存在压力差,空气不仅会沿着上下表面流动,而且还会从两侧翼梢的下翼面高压区向上翼面低压区流动,从而在有限翼展的机翼表面形成左右绕翼梢的两个反向旋涡。这一对反向旋涡会随着空气向后流动,并拖向远方,形成机翼的尾涡,如图 3-20 所示。这一对反向的旋涡会在翼型上产生一个向下的诱导速度 W,如图 3-21 所示,当诱导速度 W 与来流速度 v_∞ 合成,变成实际来流速度 v_∞',使原来的夹角 α 减小了一个角度,根据二维机翼理论,这时机翼实际产生的合力 R 应该与 v_∞' 垂直。R 可以分解为垂直与来流速度 v_∞ 的 F_{ri} 和平行于 v_∞ 的 F_{xi} 两个分力,这个平行于来流速度 v_∞ 的分力 F_{xi} 即为诱导阻力。

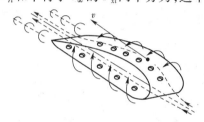
图 3-20 有限翼展尾涡

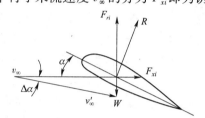
图 3-21 翼型上产生的诱导阻力

汽车特别是流线型好的汽车,其外形是与翼展极短的翼型相仿的钝头体。由于汽车车身上下的压力差,在车身表面也会产生附着涡和在尾部形成左右两个反向的尾涡,根据前面所述的原理可知,行驶中的汽车也会产生诱导阻力,如图 3-22 所示。

但汽车的诱导阻力不能采用有限翼展理论来进行计算,一般诱导阻力系数 C_{xi} 与升力系数有如下的关系:

$$C_{xi} = KC_l^2 \qquad (3-21)$$

K 为系数,取值会因车型不同而不同,对于一般轿车,K 取 0.36。通过式(3-21)以及诱导阻力产生的机理分析,存在较大升力的汽车其诱导阻力也较大。

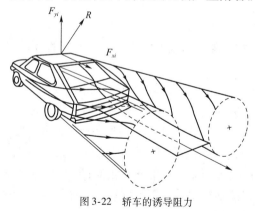
图 3-22 轿车的诱导阻力

5. 内流阻力

内流是相对于外表面流动而言的。对于汽车来说,用于冷却发动机、冷却制动器和驾驶室内的通风空调的气流均为内流,这部分气流在流动过程中会损失本身的能量,从而形成了内流阻力,占汽车总气动阻力的 10%~18%。在研究汽车的内流阻力时,不可避免地要涉及到管内流动,管内流动主要有两种能量损失:

(1)沿程损失。黏性流在管内流动过程中,由于黏性的作用,沿着流程各流层之间必然会产生内摩擦力来阻碍气流运动,克服这种内摩擦力所损失的这些能量称之为沿程损失。

(2)局部损失。在管道中流动的黏性流体流经各种局部障碍(如弯头、阀门、变截面管等)

时,由于流体的流动变形、方向变化和速度重新分布等,在管内局部范围内产生旋涡,在流体微团间发生碰撞引起的能量损失成为局部能量损失,简称为局部损失。

下面讨论几种典型的管内流动。

1)等截面直圆管

如图 3-23 所示,当气流流过等截面直圆管时,其黏性效应不仅发生在管壁附近,而且还会扩展到整个内部截面,从而产生阻力。

2)渐放管

如图 3-24 所示,当气流流过渐变截面的直管时,不仅黏性效应会产生阻力,而且由于管的截面发生扩张,使得气流的平均速度减小,这意味着压力将增加,静压的递增也会形成阻力。同时,还可能发生气流的分离,进一步产生阻力。试验表明,当扩张角度大于 4°的时候,就会发生气流分离的现象。

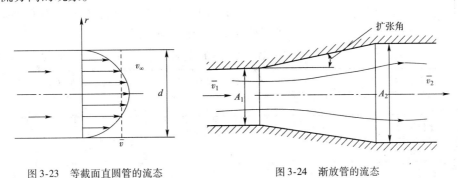

图 3-23　等截面直圆管的流态　　　图 3-24　渐放管的流态

3)突变管

如图 3-25 所示,当气流流过凸变截面直管时,在流动接近拐角外壁和离开拐角内壁时,会产生气流分离的现象,这将导致能量损失。

4)等截面圆弯管

如图 3-26 所示,流体在弯管中流动,其能量损失主要由三部分组成。第一部分是由于切向应力产生的摩擦损失,特别是在流动方向改变、速度分布变化中产生的这种损失;第二部分是在拐角处由于气流分离产生旋涡造成的损失;第三部分是由二次流形成的双螺旋运动所产生的损失。

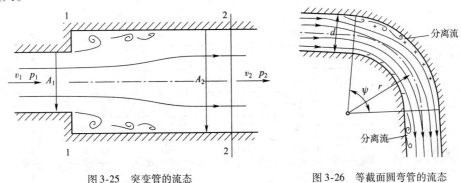

图 3-25　突变管的流态　　　图 3-26　等截面圆弯管的流态

5)管道入口

如图 3-27 所示,当气流流经入口处,流动将会产生总压损失,特别是对于尖角入口,将发生严重的气流分离现象,形成较大的阻力,造成较大的能量损失。

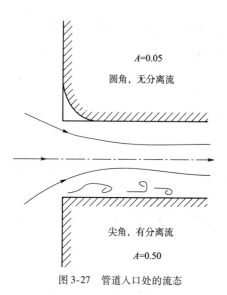

图 3-27 管道入口处的流态

在研究冷却系统的问题时,首先进行理想情况的理论分析,将冷却气流从进风口到出风口看作是完全没有泄漏的,冷却气流所产生的气动阻力,实际上就是由于冷却气流流经系统内的管道而造成的总的动量损失,然后再估算与真实汽车冷却系统的实际误差。实际上,发动机舱的出风口面积很难确定,因为气流进入发动机舱以后,主要是从底部缝隙和发动机罩四周发散出去。

对于驾驶室内的流动来说,不仅与进风口和出风口的位置和面积有关,而且与驾驶室内的布置相关,同时与是否开窗及开几个窗都有十分密切的关系,需要具体情况具体分析。

表 3-1 列出了一般轿车和外形比较合理的理想型跑车五种气动阻力所占的百分比。

五种气动阻力所占的百分比　　　　　　表 3-1

阻力名称	一般轿车($C_D=0.45$)(%)	理想型跑车($C_D=0.20$)(%)
压差阻力	58	70
干涉阻力	14	5
内流阻力	12	5
诱导阻力	7	0
摩擦阻力	9	20

下表给出了一款 $C_D=0.435$ 的轿车各部分的气动阻力系数值 C_{Di}、可能达到的最小值 $C_{D\min}$ 以及减小量占气动阻力系数的百分比。

轿车各部分气动阻力系数值　　　　　　表 3-2

各部分名称	C_{Di}	$C_{D\min}$	ΔC_{Di}(%)
前车体	0.055	-0.015	16
后车体	0.140	0.075	16
上车体	0.025	0.025	0
下车体	0.060	0.020	9
车轮与轮腔	0.090	0.070	5
流水槽	0.010	0	1
侧窗凹进	0.010	0.005	1
后视镜	0.010	0.005	1
总凸起物	0.120	0.015	9
内部气流	0.035	0.015	5
总阻力系数	0.435	0.195	55

汽车的种类不同,气动阻力系数也会有一定的差异,不同车型的气动阻力系数范围大致见表 3-3。

不同类型汽车气动阻力系数的范围 表3-3

汽车类型	C_D范围	汽车类型	C_D范围
小型运动车	0.23~0.45	载货汽车	0.40~0.60
小轿车	0.35~0.55	公共汽车	0.50~0.80

目前,轿车的气动阻力系数已经降到了0.30左右,一些空气动力优化较好的汽车阻力系数已经降到0.15~0.20,表3-4列出了一些典型轿车的气动阻力系数值。

典型轿车的气动阻力系数 表3-4

轿车名称	气动阻力系数 C_D	轿车名称	气动阻力系数 C_D
奇瑞QQ3	0.32	PASSAT 领驭	0.28
本田飞度	0.29	三菱戈蓝	0.32
雪佛兰乐风	0.32	丰田凯美瑞	0.29
奇瑞A3	0.29	别克君威	0.32
长安马自达3	0.28	福特蒙迪欧	0.29
长安铃木SX4	0.30	丰田锐志	0.28
东风本田思域	0.30	奥迪A4	0.28
奥迪A6L	0.30	华晨宝马5系	0.28
奔驰E级	0.26	凯迪拉克CTS	0.31
丰田皇冠	0.27	红旗HQ3	0.27
本田雅阁	0.30	克莱斯勒300C	0.343

3.4 汽车的流场及流场参数

3.4.1 与汽车相关的流场分类

与汽车相关的流场可以分为汽车周围的外部流场、穿过汽车驾驶室以及发动机舱的内部流场和发动机及变速器等零部件内的流场三类。前两种流场是密切相关的,如进入发动机舱的冷却气流直接取决于汽车周围的流场,所以汽车的外部流场和内部流场必须同时考虑。而发动机及变速器内的空气流动,则与前两者关系不大,基本上属于零部件的设计范围,在本书中不作讨论。

3.4.2 汽车外部流场

汽车的外部流场,使汽车受到力和力矩的作用,对汽车的动力性、经济性和操纵稳定性都有很大的影响。目前,汽车空气动力学的研究已经从气动力和力矩扩展到更广阔的方面,包括风窗的清洁、降低风噪、防止刮水器上浮、制动器冷却等。通过汽车外部流场的流态分析,能够理解重要的流动过程,如图3-28所示。从图中可以看出,气流在车顶后缘处发生分离,形成一个很大的滞区,以及车身尾部的气流分离。从图中还可以看出,流线之间不是等间距的,各个流线之间间距的差异,表明了升力的来源。

如果有侧风的存在,则汽车的外部流场就不是对称的,汽车的形状应使干扰力和力矩保持在不影响操纵稳定性的范围内。当侧风的风力和方向发生改变时,若要求驾驶员随时作出调整,会造成诸多不便,其次,在一些极端情况下,会造成丧失操纵的危险,因此,要通过良好的空气动力学设计来避免上述情况的发生。然而,驾驶员在突然遭遇侧风的情况下作出正确的反应,也是非常重要的。同时,道路和周围环境的设计,也是不可以忽视的重要问题。

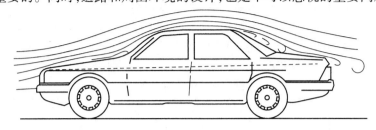

图 3-28　汽车的外部流场

根据对车身尾部气流流态的分析,可以研究汽车尾部的泥土附着问题,灰尘和脏水被车轮卷起后,黏在汽车的尾部,由于汽车的尾部流态对气动阻力有显著的影响,因此,不能孤立地考虑泥土附着问题。通过格栅进入发动机舱的气流决定了发动机的冷却效果,而冷却气流的进口位置则必须考虑滞点的位置。散热器面罩的设计,应该把冷却气流导向散热器,同时,尽可能减小冷却系统的压力损失。此外,驾驶室通风口的位置设置也与汽车的外部气流流态有密切关系,冷却气流的出口必须设置在与环境压力相同的地方。

3.4.3　汽车内部流场

汽车的内部流场主要是通过散热器和发动机舱的气流以及穿过驾驶室的气流。汽车的内部流场导致了汽车的内流阻力,下面对这两种情况分别进行研究。

1. 发动机冷却系统的气流

发动机冷却系统的作用是散发掉发动机产生的热量,使发动机在适宜的温度条件下工作。随着汽车技术的发展,发动机的功率越来越大,需要更大量的冷却空气,同时,由于造型与空气动力学的需要,汽车的前端变得越来越低矮,从而使进气口变小,由于汽车紧凑设计的需要,留给发动机舱内散热器和冷却气流导管的空间也越来越小,气流还受到前端保险杠的阻碍等,这些都是发动机冷却系统设计面临的新课题。

为了保证最佳的冷却效果,应该尽量使散热器前面的气流速度均匀,同时要减小由于气流在冷却导管中的动量损失而引起的阻力增加。当自然通风的空气流量不足时,必须使用风扇来弥补,散热器和风扇必须匹配。

2. 驾驶室内的气流

驾驶室内的气流主要有以下几个作用:

(1)保证通风效果,使驾驶室内的污染空气和尘土排出,同时更新呼吸消耗的氧气。

(2)在汽车外部环境发生极大的变化时,要保证驾驶室内的环境舒适。冬季要有暖风系统,夏季要有冷风系统。同时通过驾驶员附近的气流不要使驾驶员产生不适的感觉。

(3)内部气流必须要流过车窗,确保在冬季时的除霜和除雾效果,以保证驾驶员具有良好的驾驶视野。

驾驶室内的气流,应与外界天气、车速以及发动机的运行状态无关,气流流动时产生的噪声应尽可能小,车身上的空气进出口位置应保证在极限状态下,雨水也不能进入车内。

3.4.4　内外部耦合流场

汽车的外部流场和内部流场并不是互相孤立的,通过发动机舱的气流,最后也要经由底盘的缝隙进入到外部流场当中,必然会对外部流场的气流带来一定的影响。以前的研究中,在研究外部流场时忽略了内部流场的影响,尤其是在对气动阻力进行数值计算的时候,只考虑了整车的外流场,这会对计算结果的精度带来一定的影响。目前,随着计算机技术的发展,在数值计算时构建的网格数目越来越多,已经能够把内外流场的网格完全包括进来,局部的特征细节完全能够表现,考虑到了内流阻力以及内部气流对外部流场的影响,这样计算出来的结果,精度更高一些。

3.4.5 汽车周围的流谱和车身表面的压力分布

汽车在道路上行驶时,相对于地面与空气都有相对运动,作用在汽车上的气动力主要取决于汽车周围的压力分布,而压力分布与流经汽车表面的气流流谱有紧密的联系,如图3-29所示。

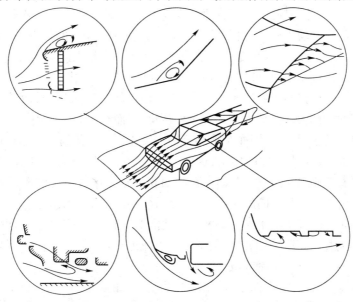

图3-29 轿车周围的气流流谱

在汽车前面较远的距离,流线是平行的,没有受到干扰。但在汽车附近的流线,则呈现出复杂的状况,在汽车周围形成了汽车的外流场。从能量守恒定律能够推导出大家非常熟悉的空气动力学公式——伯努利方程:

$$p + \frac{1}{2}\rho v^2 = H(\text{常数}) \tag{3-22}$$

式中:p——静压;

$\frac{1}{2}\rho v^2$——该点处的动压;

H——总压。

式(3-22)表明:同一流线上各点处的静压力与动压力之和为常数,总压可以由汽车远前方处的气流状态求出。从式(3-22)中可以看出,当各处的气流速度发生改变时,动压发生改变,进而导致该处的静压也要发生变化,以使总的压力保持恒定,因此,汽车周围的流场在汽车表面形成了一个独特的压力分布。图3-30为某国产轿车对称面的表面压力分布图,车身表面的压力系数用C_P表示。压力系数的值取决于车身的细部形状,车身表面的压力分布与车内、外的灰尘、采暖通风、发动机散热器的冷却效果、驾驶室的密封性以及风噪等都有密切的关系。

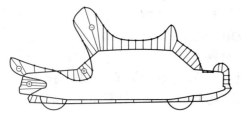

图 3-30 轿车表面压力分布

一般情况下,要根据车身表面的压力分布情况来确定驾驶室通风及发动机冷却气流的进、出口位置。同时,车身上下部分的压力差会使地面的泥土上卷,这可以通过车身表面压力分布的改变来防止这种情况的发生。

从图 3-30 中可以看出,汽车在道路上行驶,远前方来流首先遇到车头,气流在那里受到阻滞,速度大大降低,气流的动压转变为静压,因此车头前部出现正压区。然后,这股气流分成两部分,一部分向上,经过发动机罩、前风窗和顶盖向后流去;另一部分向下,通过车身下部,向车尾流去。

流向上方的这部分气流,在流经车头上缘的时候,由于缘角半径比较小,气流往往来不及转折而出现局部的分离,同时此处的气流速度也较大,因此在上缘角附近有很大的吸力峰。随后,气流又重新附着在发动机罩上,由于发动机罩一般都具有一定的斜率,其上的气流速度仍然较大,因而压力仍为负值,所以在发动机罩的前部形成一个较大的负压区。当气流到达发动机罩和前风窗交接处时,由于前风窗的存在,气流速度降低,同时由于该处的凹角较大,气流只能平滑地转向前风窗,而在凹角处形成一个死水区,该区域具有正压力,而且内部有涡流的存在。当气流到达前风窗上缘时,结构上又有一个转角,因而在此处又出现了一个吸力峰。由于车顶平滑,该处的气流速度较大,因而车顶部分仍为负压区。气流通过车顶以后,转向后窗,然后又转向后行李舱盖。由于扩散的作用,这部分气流速度比车顶有所降低,因而负压有所减小,气流冲击到后行李舱盖上,会产生一个较小面积的正压区。由于汽车后部具有截尾的造型,气流就沿着后行李舱盖后端向后流出,在车身后面形成一个负压尾流区。

流向车身下部的气流,通过车身底部和地面之间的间隙,向后流去。由于气流的通道比较窄,因此气流速度较大,车身底面上仍是负压区。气流通过底部以后,在车后某一距离与上部气流会合,共同构成了汽车的尾流区域。

由于前风窗一般都具有双向曲率,从发动机罩流过来的气流中,有一部分气流将不再流向车顶而是向汽车侧面流去。由于侧窗和前风窗的交接处具有棱角,在气流从正面转向侧面时,在该棱角处往往存在一个较小的局部气流分离区,此后,气流沿着车身侧面流向后部。

通过上面的流谱和压力分布的分析可知,总的来说,汽车车身上部的压力要比车身下部的压力低,因而车身下部的气流必然会通过汽车的两侧向上部流去,这样就在汽车的两侧逐渐形成了一对方向相反的旋涡。该旋涡随着气流向后流去,在汽车后面拖曳出一对尾涡。由于气流的分离和尾流中旋涡的存在,因而会产生能量损失,这种损失最终体现为汽车行驶过程中的前进阻力。

3.4.6 汽车周围的瞬态流场

汽车在行驶过程中,速度并不是保持不变的,它的大小和方向要随着具体的环境而发生改变。由于地形地貌复杂,汽车在实际行驶时经常受到气动扰流的影响,造成这种气动扰流的原因有很多,比如自然风、环境风、超车和会车等,由于气动扰流的存在,使汽车周围的流场随时间而发生变化。

1. 自然侧风

自然侧风是由大气的运动产生的,它又分为稳态和非稳态两种。

稳态侧风是指可以用数学函数明确表达风谱特征的侧风,典型的稳态侧风包括:风速恒定、阶跃、线性和正弦波特性变化4种。对于稳态侧风的试验研究,通常在专门的试验场地进行,采用侧风发生器来模拟侧风。

非稳态侧风是指大小和方向都是随机变化的,只能借助于统计特征来描述其风谱特征的侧风。由于它所引起的侧向力大小和方向均不稳定,这样不利于研究侧风对汽车稳定性影响的变化规律。非稳态侧风是汽车侧风稳定性研究的重点和难点,一般只能通过在实际的道路上进行试验研究。在实际研究中,针对一定的侧风作用区域和汽车运动范围内,风的方向通常作为不变来处理,即风向恒定,只考虑侧风的大小变化,侧风的大小变化往往也简化成稳态侧风来考虑。如侧风持续时间长、作用范围较大时,通常将风作用强度分为平均和线性变化稳态侧风来考虑;当侧风持续时间较短、范围较小的时候,通常将风作用强度简化为阵风型,这种阵风型可以描述为突变阶跃、线性阶跃和正弦阶跃的稳态侧风,如图3-31所示。

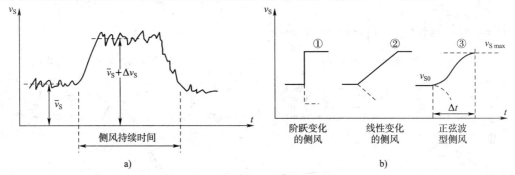

图3-31 典型的阵风形态

汽车受到侧风的持续时间和它相对于汽车的大小对汽车的驾驶十分重要。如果侧风持续的时间较短,作用的范围远小于汽车的大小时,汽车可以疾驶而过,驾驶员可以对短暂的气动力变化无须作出反应。如果侧风持续的时间较长,而且它的范围比汽车大小大许多倍的时候,汽车受到气动力变化影响时间较长,驾驶员必须进行相应的操作来加以修正。

2. 环境侧风

环境侧风是指由汽车行驶时周围的环境所导致的,比如穿越隧道、经过山脉隘口或峡谷、通过桥墩等,由于山脉或者建筑物的遮蔽作用和尾流影响,其风速常常会达到周围风速的10倍左右,引起作用在汽车上气动力和力矩的变化,对汽车的操纵稳定性具有很大的影响。

当穿越隧道时,隧道会在汽车驶入和驶出时,对汽车产生侧向的压力阶跃变化;经过山脉隘口或峡谷的时候,汽车也会受到侧向阵风的作用,通过桥墩时,汽车也会承受阶跃阵风压力的变化,如图3-32所示。

汽车在公路上经过路基和矮树丛的时候,也会产生环境侧风,矮树丛的空隙及树林间的空隙会产生一种喷气效应,使得局部风速大于开阔地的正常风速,如图3-33所示。此外,有高层建筑群的区域也很容易形成侧风作用,表现为阶跃阵风的作用形式。

3. 超车和会车

汽车在道路上行驶,经常会遇到超车和会车的状态,这时,两车都会承受侧向压力的变化,进而导致侧向力和横摆力矩发生改变,尤其对于质量较小的轿车来说,这种感觉更为明显,因此驾驶员在超车和会车的过程中一定要加倍小心,否则容易酿成交通事故。如果是队列行驶的状况,后车处在前车的尾流区中,它受到的压力波动表现在汽车的运动方向上,而不是侧向上。图3-34和图3-35为两辆小轿车超车时,作用在两车上的侧向力系数和横摆力矩系数的变化。从图中可以看出,随着相对速度的不同,侧向力系数和横摆力矩系数的大小会有变化,但是变化规律是一致的。无论是被超车还是主超车,作用在轿车上的侧向力和横摆力矩大小和方向都会随着两车位置的不同而发生改变,这就要求汽车驾驶员必须及时地做出必要的修正动作以保证交通安全。

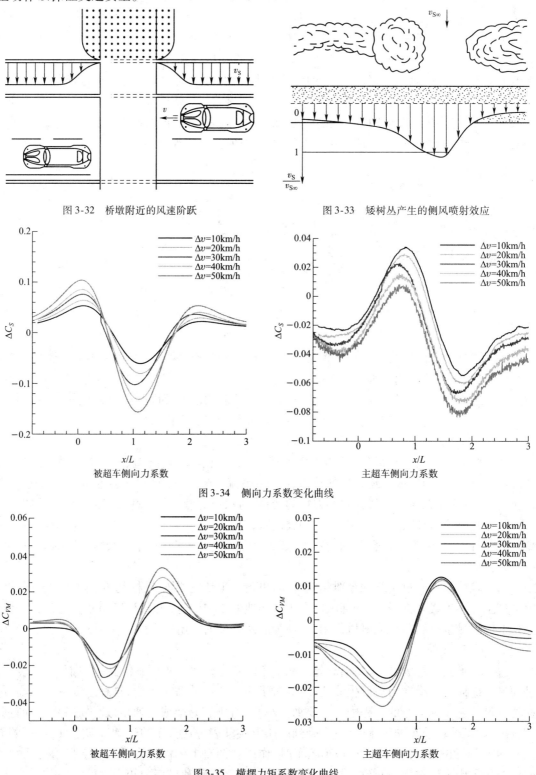

图 3-32 桥墩附近的风速阶跃　　　　　　图 3-33 矮树丛产生的侧风喷射效应

被超车侧向力系数　　　　　　　　　　主超车侧向力系数

图 3-34 侧向力系数变化曲线

被超车侧向力系数　　　　　　　　　　主超车侧向力系数

图 3-35 横摆力矩系数变化曲线

3.5 汽车空气动力学的特点

3.5.1 汽车空气动力学的特点

汽车空气动力学是研究汽车与空气相互作用规律以及气动力对汽车各性能影响的一门科学,与铁路车辆、建筑桥梁、船舶舰艇、锅炉、电机等又构成了工业空气动力学。汽车空气动力学与航空空气动力学有许多相似之处,如:良好的气动造型、高性能的运动特性、各种作用力的平衡以及确保横向稳定性等,而且汽车空气动力学中许多方面的研究直接来源于航空空气动力学的研究成果。把汽车空气动力学与航空空气动力学进行对比,说明汽车空气动力学自身的特点。

1. 研究对象

航空空气动力学的研究对象为飞行器,多为细长的流线型,而汽车近似于钝头体,长宽比一般为 2~4。

2. 环境

飞行器主要考虑起飞和降落时地面的影响以及在空中飞行时的问题,而汽车始终在路面上行驶,作用于汽车上的气动特性都要受到地面效应的影响。

3. 速度

飞行器的速度范围很大,通常要经历亚音速、跨音速、超音速甚至高超音速的飞行阶段,而汽车的速度范围在亚音速内(个别创造速度记录的汽车除外)。

4. 流谱

飞行器的表面气流分离区较少,而汽车周围的气流分离区和涡流区较多。

5. 升力

研究飞行器的气动特性时,一般希望升力越大越好,阻力越小越好,即希望升阻比大;而研究汽车的气动特性时,不仅要求阻力越小越好,升力也是越小越好,甚至希望出现负升力。

6. 操纵

飞行器通常是通过操纵各个翼面从而改变翼面上的气动力来实现飞行状态的控制,而汽车则是驾驶员通过转向盘来控制车轮实现行驶状态的控制,同时,气动力也影响汽车的操纵性能。

7. 稳定性

飞行器对自身恢复运动状态的要求很高,在某一瞬间受到外界气流的较小扰动时,飞行器要具有很强的自动通过气动恢复原来运动状态的能力,而不需要驾驶员采取任何动作;而汽车这样的稳定性则较差,一般都依赖于驾驶员的修正动作。

3.5.2 汽车空气动力学的重要结论来自于试验

航空空气动力学在相当大的范围内采用理论分析。目前飞机的空气动力学从理论分析和数值仿真开始,然后进行小模型的风洞试验,最后进行样机的飞行试验。而汽车空气动力学则是一门经验科学,大量的重要结论,来自于对试验数据的分析和处理,包括各种模型试验、验证和改进各种改型措施、实车试验。汽车空气动力学试验主要包括道路试验和风洞试验。道路试验只有在汽车样车生产出来以后才能进行,它只是汽车空气动力学试验研究的后期手段之一,道路试验受到公路和气候等诸多因素的干扰,而且各种仪器设备在汽车中携带与安装也不容易。风洞试验能够在汽车设计研发的早期开展,是目前汽车空气动力学研究的重要手段。但在风洞中完全真实地再现汽车在道路上行驶的自然环境几乎是不可能的,包括风、雨、尘土、阳光等自然环境以及自然风的非稳态特性、超车、会车和通过隧道等情况,在风洞中很难模拟。因此,风洞试验与道路试验要相互配合,两者相辅相成。

通过空气动力学试验,能够解释汽车周围复杂流场的流动本质。在汽车设计的初始阶段,为了选择最佳的气动外形,必须进行比例模型和全尺寸模型的风洞试验,在样车定型以前要进行大量的实车试验,以提供空气动力学特性数据,作为汽车的设计依据。同时,试验的结论可以验证空气动力学理论分析和计算结果。

3.5.3 数值计算不能取代风洞试验

在理论分析和数值计算中,一般首先要对研究的现象进行必要的简化,然后建立求解方程,最后得出结论。对于飞行器来说,机翼、机身和尾翼可以单独考虑,因此,飞机周围流场的计算就得到了很大程度的简化,各个部分的相互作用也可以通过理论方法来评价。理论分析和数值计算的结果,都需要通过试验来进行验证。

与试验相比,CFD 开发的时间短,耗费经费少,并且模拟流场不受支架干扰的限制,得到了越来越广泛的应用。但是,汽车空气动力学中许多问题尚未搞清,还不能建立精确的数学模型,计算结果也存在误差。汽车空气动力学的研究成果和重要结论,几乎都是以风洞试验为依据的,汽车空气动力学的主要研究方法是风洞试验,因此,数值计算不能取代风洞试验研究,数值计算与试验要有机结合,相互补充。

练 习 题

1. 气动六分力的组成包括哪几部分,了解各气动力、气动力矩的产生及计算,写出气动力系数的计算公式。
2. 分别从动力力、经济性、操纵稳定性等方面说出气动力对于汽车性能的影响。
3. 什么是汽车的气动阻力,写出气动阻力的分类、成因、特点以及它们分别占气动阻力的百分比。
4. 了解不同类型汽车气动阻力系数的范围,轿车各部分对整车气动阻力的贡献以及所占比例。说出几种常见车型的气动阻力系数。
5. 汽车流场是如何分类的,其形成原因及特点是什么?
6. 如何定义车身表面压力系数 C_p,画出轿车表面压力分布,并且从空气动力学角度解释轿车表面压力分布形成的原因。
7. 说出汽车周围的瞬态流场包括哪几种以及各自的形成原因。
8. 汽车空气动力学区别于航空动力学所具有的自身特点有哪些?

第4章 轿车气动特性研究

轿车外形的气动设计,要根据空气动力学的知识,研究气动力与汽车外形之间的关系,并从这些关系中分析和研究汽车的最佳外形,以供汽车设计师们在设计汽车外形时进行参考。一个好的气动造型,必须充分考虑以下几个因素,以获得好的空气动力学性能。

1. 气动阻力

由前面的章节可知,汽车的气动阻力影响着汽车的行驶速度、加速性能和燃油消耗率,所以,气动阻力是轿车气动造型时所必须考虑的重要问题之一。汽车的造型经过几十年的发展和完善,逐渐趋于成熟和定型化,但以前的工作主要放在了结构设计、制造和使用方面,而在气动力方面考虑的不是十分充分,随着汽车空气动力学的发展,最近几年在这方面取得了大量的研究成果,并在实际中得到了应用,使轿车的空气动力学性能得到了完善和发展。

2. 气动升力

当汽车的外形发生变化的时候,就会影响到汽车的升力,特别是前车体和后车体的变化会改变作用在汽车上的升力的大小和作用点,使升力在前后轮上的分配发生变化,从而影响到车轮与地面之间的摩擦力。摩擦力直接影响到汽车的驱动力和转向性能,从而影响汽车的行驶能力和稳定性。由于轿车的车速不断提高,减小这种影响显得尤为重要,如何减小和分配前后轮的升力,是轿车外形设计必须要考虑的重要因素。

3. 侧向力

汽车在行驶中,经常会受到侧风的作用,如果是在车速较高的情况下,侧风的影响就显得更加突出。在有侧风存在的时候,改变了汽车前方来流的方向,从而改变了汽车周围的流场,会产生较大的侧向力。流线型较好的汽车对侧风的敏感性更大,此时,作用在汽车上的侧向力、横摆力矩和侧倾力矩等会直接影响到汽车的直线行驶能力和稳定性,因而,在汽车造型时必须要充分考虑到侧向力的影响。

4.1 轿车外形与气动阻力的关系

要想获得较低的气动阻力,轿车的整体造型应该从设计初始阶段就选择一个具有最低气动阻力的形体作为原型,在此基础上,逐步修改,同时也应该注意局部的气动优化设计。目前,大多是通过计算机进行汽车整体外形的气动造型设计,从中优选出几种方案进入评审和实际的开发阶段。汽车的各处局部造型都对气动阻力有很大的影响,下面分别进行分析。

4.1.1 前端形状对气动阻力的影响

汽车在行驶时,前车体首先遇到气流的作用,流过该部位的气流不仅直接影响前车体的气动性能,而且也影响汽车后部的流场,因而汽车前部的气动造型,历来就是汽车空气动力学工作者密切关注的对象。对于轿车而言,没有良好的前端气动造型,其他的气动造型就没有多大意义。前端形状对气动阻力的影响因素很多,主要有车头的形状、车头的边角、车头的高度、前保险杠形状与位置、进气口的位置与格栅形状等。

1. 车头形状

轿车前车体凸出在最前面的部分称为车头,其形状接近于扁矩形。根据空气动力学原理,如果将车头做成流线型会获得较小的气动阻力,但不同的流线型样式,所得到的气动阻力减小量是不同的。图4-1是不同车头形状对气动阻力的影响,从图中可以看出,M_1+K_1车头的减阻效果最好,即整体弧面比车头边角倒圆的效果更好。

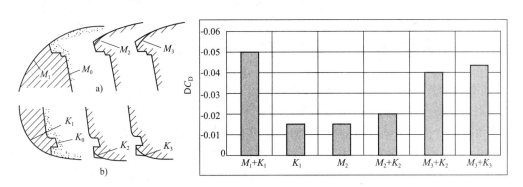

图4-1 不同车头形状对气动阻力的影响

2. 车头边角

汽车前部的外形,是由发动机、保险杠、前照灯、转向灯等的位置和形状确定的,它们都必须满足法规的要求,所以在轿车的基本形状确定以后,要进行大的造型变化来改善气动性能往往要受到诸多的限制。但是,在保证基本外形不变的情况下,改变边角处的曲率半径,也能获得较好的气动效果。车头边角主要指车头上缘边角和横向两侧边角。对于非流线型的车头,存在一定程度的尖锐边角,气流流过尖角以后就会分离,产生涡流区。车头横向边角的倒圆有利于减小车头的气动阻力。气流流过车头横向的尖锐边角以后,形成涡流,产生很大的湍流动能,适度倒圆可以减小气流的分离,减小分离区,降低湍流动能,进而导致气动阻力的降低。

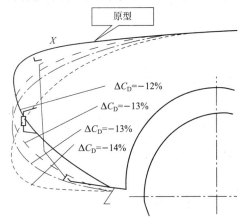

图4-2 流线型车头高度对气动阻力系数的影响

3. 车头的高度

如图4-2所示,列出了4种流线型车头对气动阻力系数的影响,从图中可以看出,车头位置较低的下凸型车头气动阻力系数最小。

图4-3列出了车头改型以后高度对气动阻力系数的影响,从图中可以看出,车头高度低的气动阻力系数小,但也不是越低越好,方案6和方案7所降低的气动阻力系数相同,而且,车头过低也影响发动机舱的内部布置。

4. 前端保险杠的影响

保险杠是凸出在汽车最前部对汽车起到保护作用的部件,由于其位置的特殊性,对汽车的气动性能有不可忽视的影响。

保险杠的形状应该使其前部的气流阻滞区最小,使气流易于向上折转,减小阻力和升力,所以,图4-4所示的三角形截面的保险杠使汽车的气动阻力和升力小于矩形截面保险杠的汽车。其原因就在于三角形保险杠的形状,使迎面来的气流易于上下分流,阻滞区小,气流通畅,所以气动阻力和升力均较小。

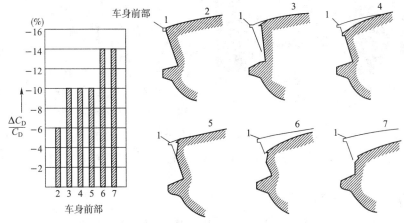

图4-3 车头改型后高度对气动阻力系数的影响

同各种三角形断面的保险杠相比,矩形断面保险杠对气流的阻碍较大,但其安全性较好,应把其棱角处倒圆以降低气动阻力。保险杠的俯视形状也很重要,要与车身本体的形状相匹配,可以减少气流的分离,防止涡流的产生,如图4-5所示。

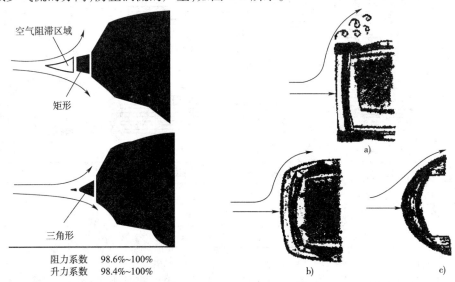

图4-4 保险杠截面形状对气动阻力的影响　　图4-5 前保险杠俯视形状最佳化

第一种形状[图4-5a)]使气流两侧的转折过于激烈,在侧缘处产生较大的气流分离区,气动性能恶化。第二种形状[图4-5b)]可以使气流比较平顺地转折,避免了气流分离,可以使气动性能得到很大的改善。第三种形状[图4-5c)]从空气动力学的角度来看,是最佳形状,大幅度的减小了气流向侧面转折时的阻碍作用,气动性能最好,但这种形状在美学和力学性能上不符合设计要求,在实际中很少应用。最常见的是第二种形状。

试验表明,保险杠前端向前延伸,可以减小气动阻力和升力。其原因是向前伸出的保险杠在其上下造成的小的气流分离区,这一气流分离区对流过头部的气流起到了导流罩的作用,使气流平顺地向发动机罩和底部转折,减小了发动机罩前端的分离区。然而,保险杠的最佳位置要根据车型通过风洞试验进行确定。图4-6中,前伸的保险杠气动阻力系数相对原车型下降

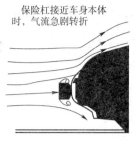
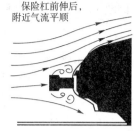

保险杠接近车身本体时，气流急剧转折　　保险杠前伸后，附近气流平顺

图 4-6　保险杠位置的影响

了 1.5%，升力系数下降了 2.8%，可见，保险杠的位置对气动力有很大的影响。

一般情况下，保险杠和车体之间由于工艺方面的考虑都设有间隙，由于间隙的存在，气流在其中穿行，产生了附加的摩擦和诱发旋涡，增加了流向车底的气流，改变了车底的压力分布，增加了能量消耗，使气动阻力和升力增大，如果将间隙封闭起来，可以克服这种弊端，同时增加了流向散热器的气流，提高了发动机的冷却效率，现在大多数轿车为了改善空气动力学性能都消除了这一间隙，将保险杠与车体融为一体，最大限度地改善了此处的气动性能。

5. 进气格栅的形状和位置

图 4-7 所示为不同截面形状及安装方式的冷却格栅示意图，截面形状不同，气动阻力系数也不相同。

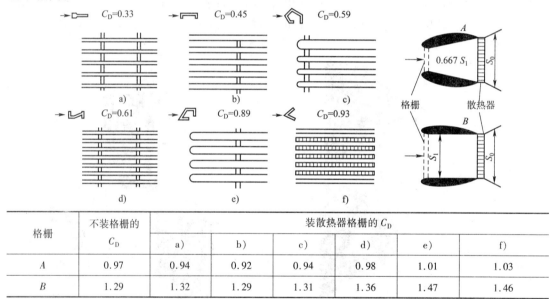

格栅	不装格栅的 C_D	装散热器格栅的 C_D					
		a)	b)	c)	d)	e)	f)
A	0.97	0.94	0.92	0.94	0.98	1.01	1.03
B	1.29	1.32	1.29	1.31	1.36	1.47	1.46

图 4-7　冷却系散热器格栅及气动阻力系数

从以上的分析可以看出，冷却格栅的位置、截面形状等都对冷却阻力有很大的影响。研究表明，盲目增加进气口和格栅的面积，并不会使进入散热器的气流量增加，而会使冷却系统的气动阻力值急剧增大，因此，要通过空气动力学优化来确定冷却格栅的位置、开口尺寸和截面形式。目前，有一些高档轿车上采用了智能进风口设置，进风口可以根据实际情况的需要开启和关闭，在满足冷却需要的同时，降低气动阻力。2011 款雪佛兰科鲁兹 Eco 下格栅处就采该类措施，具有智能型进气调风门，为同类车型中首创。

6. 发动机罩与前风窗玻璃的影响

当气流流过发动机罩和前风窗玻璃的时候，由于风窗玻璃对气流的阻碍作用，沿着发动机罩向上流动的气流压强逐渐增大，流速减小，在发动机罩与前风窗玻璃凹角之前的 S 点发生分离。由于发动机罩和前风窗玻璃存在横向曲率，所以沿侧向流动的气流较为平顺，气流分离点的位置更向后一些，而附着点 R 更向前一些，气流分离区的形态如图 4-8 所示。在 S 点和 R 点之间的凹角处有一个分离区,该区内部存在涡流,压力系数为正值,使气动阻力系数增加,但高速行驶时,对降低轿车前部的气动升力却是有利的。

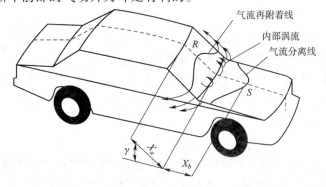

图 4-8　汽车发动机罩与前风窗玻璃表面的流谱

前风窗玻璃与发动机罩处影响气动阻力的因素主要有发动机罩的三维曲率与斜度、前风窗玻璃的三维曲率与斜度及发动机罩与前风窗玻璃的夹角。

发动机罩的纵向曲率越大,将使气流分离提前,这是不利的,因而除了满足整体造型的要求,发动机罩往往采用极小的纵向曲率;而风窗玻璃的纵向曲率越大,将使气流再附着提前,这是有利的,但风窗玻璃的纵向曲率过大,即提高了加工工艺的难度又会导致视野失真,同时还会影响刮水器的刮扫效果;发动机罩与前风窗玻璃的横向曲率均有利于减少气流分离和气动阻力,前风窗玻璃的横向曲率的降阻影响远远大于发动机罩的,但两者的横向曲率的选择也应当综合考虑整体造型、结构、视野和加工工艺性等各个方面。

发动机罩的斜度对气动阻力系数有一定的影响(图 4-9),适当的斜度有利于降低气动阻力,但斜度进一步增大降阻效果不再明显,结构上也会受到限制。

对于前风窗玻璃,20 世纪 30 年代以前,基本上是垂直的。后来斜度不断加大,出现了三围曲率的大弧面前风窗玻璃,有的甚至代替了 A 柱延伸到侧围,这样的前风窗玻璃视野大、动感好、气流流动顺畅,但由于车身强度低、视野失真、刮水器刮扫效果差,20 世纪 60 年代以后,这种流行一时的前风窗玻璃逐渐消失了。前风窗玻璃斜度对气动阻力的影响如图 4-10 所示,试验表明,当前风窗玻璃的斜度小于 30°以后,即使继续降低斜度,减阻效果也不明显,而且过大斜度的前风窗玻璃会以牺牲视野的效果和乘坐的舒适性为代价。

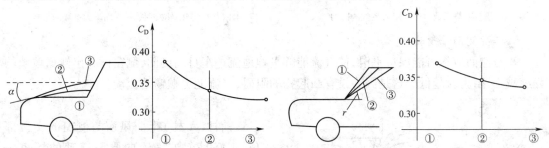

图 4-9　发动机罩斜度对气动阻力的影响　　　　图 4-10　前风窗玻璃斜度对气动阻力的影响

发动机罩与前风窗玻璃之间的角度用 γ 表示,这个角度的大小将直接影响气流分离区的大小。当 γ 增大时,分离点 S 向前移动,附着点 R 向后移动,使分离区增大,从而导致气动阻力的增加,目前,汽车上常用的 γ 角范围为 30°~40°,在小于 40°的情况下,γ 角的变化、分离区的变化很小,对气动阻力几乎没有影响。

4.1.2 中部造型对气动阻力的影响

1. 顶盖外形

大多数轿车的顶部都趋近于平面,也有呈上鼓形状的。适当的上鼓可以使驾驶室内有较为宽敞的空间,改善乘坐的舒适性,并使气流顺畅地流过车顶,减小气流在顶盖前缘和后缘分离的可能性,从而改善气动特性,减小气动阻力。但顶盖的上鼓既会增加汽车的正投影面积,又会使气动阻力增大,所以,对气动阻力系数而言,存在一个最佳的顶盖上挠系数(上鼓尺寸 a_r 与跨度 l_r 之比),如图 4-11 所示。

2. 车身侧面外形

轿车的侧壁略有外鼓,有利于降低气动阻力系数,但侧壁外鼓也会增加正投影面积,相应地使气动阻力系数增加。将侧壁的外鼓尺寸 a_h 和跨度 a 之比定义为外鼓系数,从图 4-12 可以看出,外鼓系数应避免在 0.02~0.04。

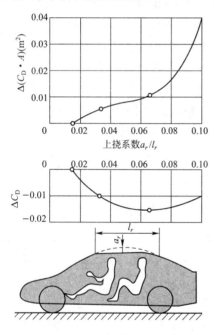

图 4-11 顶盖上挠系数对气动阻力系数的影响

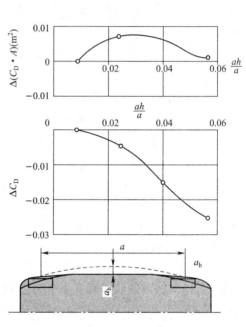

图 4-12 侧壁外鼓系数对气动阻力系数的影响

3. 车身侧面平滑化

车身侧面应尽可能保持平滑,使气流能够平顺地流过车身的侧面,侧窗框高出侧窗玻璃的程度越小,阻力就越低。这是因为没有凸起物的阻碍,气流能更顺畅地流动。

4. 前柱

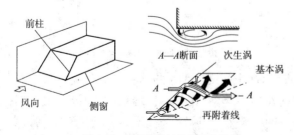

图 4-13 前柱拐角处的气流分离

前柱(A 柱)指前风窗与侧窗的交接部位,正好是前方来流向侧面流动的拐角部位。由于使用、结构以及制造等要求,在前柱上会有凹槽和细棱角等,如果设计不当,就会引起气流的显著分离,从而导致较大的气动阻力和较为严重的气动噪声和侧窗污染,如图 4-13 所示。因此,轿车的前柱不会简单的设计成直角型,而是设计成有圆滑过渡的外形。图 4-14 所示为 5 种前柱造型对气动阻力系数的影响,1 方案为原型,导致了较大的气流分离,5 方案减阻效果最佳。

4.1.3 尾部造型对气动阻力的影响

1. 后窗倾角

后窗倾角是指后风窗弦线与水平线的夹角,后窗倾角的不同会导致尾部的气流流态发生改变,如图 4-15 所示。

从图 4-15 可以看出,在后窗倾角为 15°时,后部的气流基本贴在斜背上流动,尾流区也较小,在后窗倾角为 30°时,在车顶后缘就产生了气流分离,气流不再附着在斜背上流动,尾流区较大,在后窗倾角为 40°时,尾流区更大。早期的试验表明,在后窗倾角为 30°左右时,气动阻力系数最大,将这个角度称为后窗临界角度。但最新研究表明,并不是所有的斜背式轿车都会出现气动阻力系数峰值问题,带尾锥度的斜背就可以避免这种情况的出现。

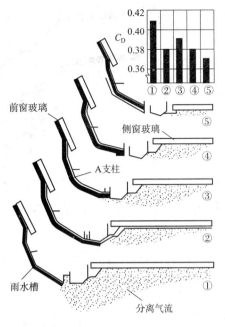

图 4-14 前柱对气动阻力系数的影响

2. 后窗周围形状

后窗周围的形状对气流的影响也非常大,从侧面和顶部流过来的气流,在后窗附近汇合,由于该处位于轿车尾流区域的上游,对尾流的影响较大,如果该处造型设计合理,可以降低气动阻力。如图 4-16 所示,给出了后窗上缘和侧缘的几个造型方案对气动阻力的影响情况,从图中可知,后窗周围形状对气动阻力也有很大的影响。

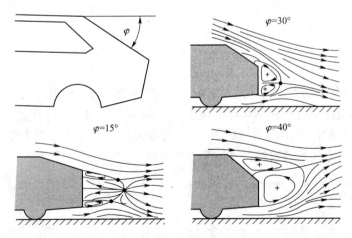

图 4-15 典型后窗倾角的尾涡结构

3. 尾部形式

不同的尾部造型,所形成的尾涡情况也可不相同,图 4-17 所示是阶背式、快背式和直背式三种典型后车体形状的尾部流谱情况。

车身后部造型复杂,在阶背式中又分为长阶背和短阶背,快背式中也可分为大快背和小快背,直背式也可以分为纯直背和准直背。由于后部造型与气流状态的复杂性,一般情况下,很难断言后部造型的优劣，必须通过数值计算和风洞试验来确定其气动阻力系数。

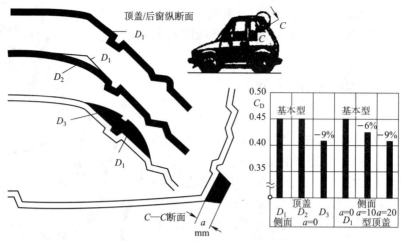

图 4-16　后窗周围形状对阻力的影响

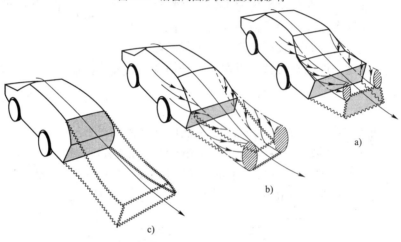

图 4-17　典型后车体造型的流谱情况

4. 车尾高度

车尾的高度对气动阻力也有一定的影响，对于某些形状的后车体，提高车尾高度能使气动阻力系数降低，但对于具有流线型车尾的轿车而言，存在一个最佳的车尾高度，在此情况下，车尾的气流流动状况最好，气动阻力系数最小，增高或者降低车尾高度都会使气动阻力系数上升，如图 4-18 所示，车尾高度要根据具体车型和结构来确定。

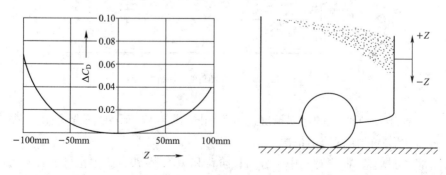

图 4-18　最佳车尾高度

5. 鸭尾造型

对于后轮升力较大的车型,为了减小后轮的升力,改善高速时的稳定性,有时将车体后缘设计成鸭尾形状,这也能降低整车的气动阻力。如图4-19所示,车后体上的高速下洗气流遇到鸭尾以后,受到阻碍而迟缓,速度下降,压强由负压变为正压,转化为负升力,增大了车轮和路面的附着力,改善了稳定性,同时也减小了由升力引起的诱导阻力,降低了气动阻力系数。

6. 后车体横向收缩

轿车后车体横向收缩,可以减小尾流区并降低气动阻力系数。图4-20是轿车后车体横向收缩对气动阻力系数影响的风洞试验情况。结果表明,适当的横向收缩会降低气动阻力系数,但收缩过大,气动阻力系数不会继续降低,而且造型上也不可取。

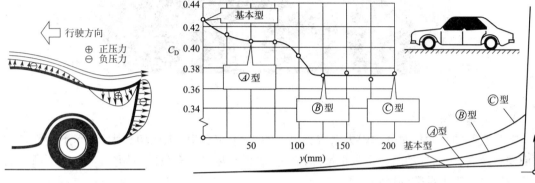

图4-19 鸭尾式后车体上的压强分布

图4-20 后车体横向收缩对气动阻力系数的影响

4.1.4 车身底部对气动阻力的影响

研究表明,车身底部细节对气动阻力系数也有很大的影响,这些影响包括离地间隙、底部平滑化、底部纵倾角、底板的曲率等。

1. 离地间隙

汽车行驶时,由于空气的黏性作用,在汽车下底面将产生边界层,随着气流向车身后部移动,边界层的厚度也不断增加。如果离地间隙过小,边界层有可能延伸至地面,使汽车下底面与地面之间的空气有可能被带动随着汽车一起向前运动,空气与地面之间产生相对速度,进而在地面形成了次生边界层。两个边界层交错在一起,会缩小底部气流的通道,使底部气流流动受到阻碍,增大了升力及诱导阻力。当离地间隙过大时,底部的气流速度也会降低,同样导致升力和诱导阻力的增加。对于光滑底板的汽车而言,存在一个最佳的离地间隙高度。实际车型不同,底部的复杂结构不同,因而离地间隙对气动阻力的影响也不相同。图4-21所示是几种不

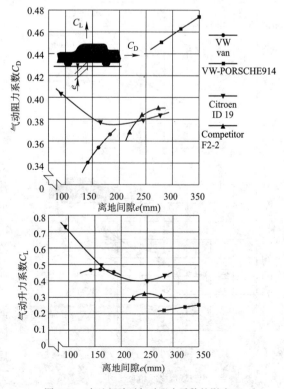

图4-21 离地间隙对气动阻力系数的影响

同轿车离地间隙对气动阻力系数的影响。

2. 底部平滑化

通常情况下,车身底部凸凹不平,这会阻碍底部气流的流动,增大气动阻力。通过在车身底部增加一个盖板,实现平滑化处理,能够降低整车的气动阻力,但对散热有一定影响,需要综合考虑。图 4-22 所示为某款车底部加装盖板以后的情况,蓝色部分为底部增加的薄板。

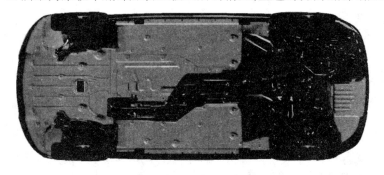

图 4-22 底部加装盖板

3. 底部纵倾角

车身底部的纵倾角对气动阻力系数有很大的影响。底部的纵倾角越大,汽车下底面的迎风面积就越大,因而气动阻力系数也增加,因此,底板要尽量具有负的纵倾角。图 4-23 所示为纵倾角对气动阻力系数的影响。

4. 车身底部纵向曲率

对于一定高度的离地间隙,车身底部适当的纵向曲率,能够使气流平顺地通过汽车底部与地面之间的间隙,减小了气流的阻塞程度,从而降低了整车的气动阻力和升力。同时,车身底部的纵向曲率,使车底尾部趋于上翘,有助于减小后轴的升力。图 4-24 表明,对于气动阻力系数,光滑底板具有一个最佳的纵向曲率。

5. 车身底部横向曲率

由于汽车底部的气流较两侧的气流受到了更多的限制,所以底部气流的速度低于两侧气流的速度,根据伯努利方程,底部的压强大于侧面的压强,在这个压强差的作用下,底部气流会沿底板向两侧运动。车身下部如果具有横向曲率,有助于底部气流流向两侧,减小车身底部气流的总阻塞度,使底部区域压力降低,从而减小阻力和升力。但如果横向曲率过大,两侧过分向上翘起,将有更多的气流流向两侧,从而在两侧的下部诱导出较强的涡流,会增加汽车的整体阻力,所以横向曲率不能过大。在汽车两侧下部加装侧裙,对底部气流向两侧的流动会有

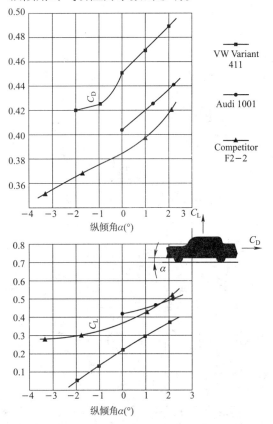

图 4-23 车身底部纵倾角对气动阻力系数的影响

一定的抑制作用,在一定程度上减小了螺旋流的强度,所以,底部曲率的设计要和侧裙的尺寸、

形状设计同时考虑,这将有利于整车气动性能的提高。

6. 车轮的影响

安装在下车体的车轮,总是有一部分暴露在空气之中,气流遇到车轮后就会向两侧流去,在车轮两侧通常伴有气流分离,在此处必然会产生气动阻力。车轮转动时,由于空气的黏滞作用,必然会带动一部分空气随着车轮一起转动,这部分空气会在车轮与轮罩之间的缝隙处通过,空气在通道入口处加速,通过通道后,在出口喷出,这就导致了车轮周围气流的复杂性,如图4-25所示。

为了改善车轮处的流动状况,有的轿车在前后轮处安装气流导板,或者在轮罩处加盖板,以降低气动阻力系数。

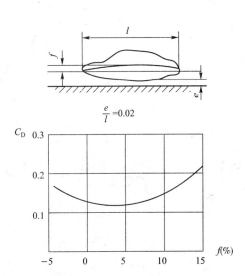

图4-24 车身底部纵向曲率对气动阻力系数的影响

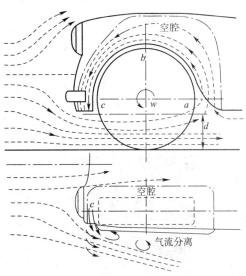

图4-25 前轮附近的气流

4.1.5 附加装置的外形及安装位置对气动阻力的影响

1. 前阻流板

如果在车底前部设置适当高度的阻流板,就可以避免气流直接冲击汽车底部的凸凹物,从而减少气动阻力,但前阻流板的存在又会增大汽车的迎风面积,导致气动阻力增加,因此,适当的阻流板高度和位置非常重要。图4-26所示是德国大众公司对巴西产的某款车前阻流板高度和位置对气动阻力系数影响的风洞试验数据。从图中可以看出,在该车 B 位置处安装高度为40mm并且垂直于地面的阻流板时,气动阻力系数最小;在 B 位置处倾斜安装50°的阻流板,长度大于80mm小于120mm时,气动阻力系数不随高度变化,超过120mm后,气动阻力系数随着高度的增加而增加。

2. 后阻流板

安装后阻流板(图4-27)的目的,是为了防止通过车身底部的气流向上翻卷起来,以便使从上面来的气流能够向下移动,降低风阻。但后阻流板对快背式和直背式车身有作用,对阶背式车身作用很小,甚至没有作用。

3. 后扰流器

后扰流器并不是什么情况下都起作用,对于气流在到达扰流器之前就已经分离的尾部造型,后扰流器基本无效,如图4-28所示。

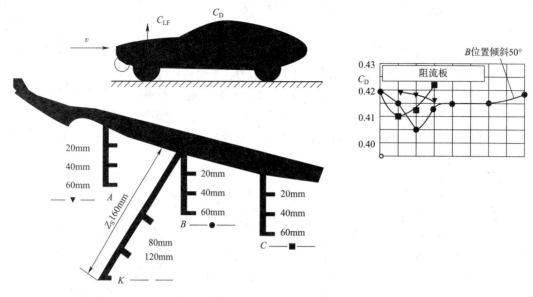

图 4-26　前阻流板对气动阻力系数的影响

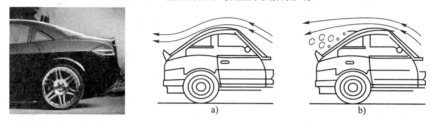

图 4-27　后阻流板　　　　图 4-28　后扰流器

后扰流器的形状和安装位置对气动阻力均有影响,图 4-29 所示为不同形状的后扰流器对气动阻力系数的影响。

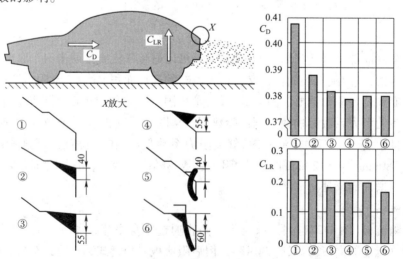

图 4-29　后扰流器的形状和位置对气动阻力系数的影响

4. 尾翼

方程式赛车上安装尾翼,是为了获得更大的下压力,提高稳定性,现在很多轿车上也安装了尾翼,以提高稳定性并降低风阻。尾翼的截面形状、安装位置、迎角大小、翼端板的形状和大小、支架的形式等都对车辆尾部的气流有很大的影响，因此，要经过严格的空气动力学评估。图 4-30 所示为安装尾翼的轿车。

5. 车轮处附加装置

在车轮处安装气流导板，具有良好的整流效果，能够降低气动阻力，如图 4-31 所示。

还有的汽车在车轮处增加轮罩，可以防止气流冲击车轮与悬架，从而消除部分阻力。但前轮是导向轮，如果安装这种盖板会影响汽车的转向能力，有的

图 4-30　安装尾翼的轿车

汽车前轮加金属盖板以后，在盖板周围有特殊的橡胶膜，弹性较大，并不妨碍车辆的转向功能，如图 4-32 所示。

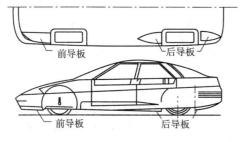

图 4-31　车轮导板

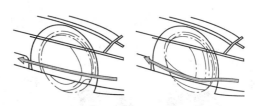

图 4-32　轮罩的导流作用

6. 涡产生器

在轿车车顶尾部增加一些附件，使汽车行驶时的尾流分离后移，从而减小气动阻力，这种附加装置被称作尾部涡产生器。由于涡产生器产生的分离点后移对车身气动阻力的减小起着双重作用，其一是减小了分离区，其二是增加了气流分离区的静压，涡产生器的减阻作用来自于这两个作用的结合，而且涡产生器的形状、安装位置等也对气动阻力有很大的影响。但在车身表面安装附件，会在一定程度上增加车身的气动阻力，涡产生器的减阻效果取决于它产生的小涡带来的减阻效果和本身作为附件增加的气动阻力的相互作用，不合理的涡产生器会使气动阻力增加。

7. 尾涡破坏装置

目前的研究中，有学者指出，可以在汽车尾部涡流区域安装气体喷射装置，通过喷出的气流来破坏汽车的尾涡，从而起到降低风阻的目的，但实用性还有待研究。

4.2　减小气动升力的主要措施

汽车在行驶时，由于上部和下部空气流速不相同造成压力差而产生升力，升力不通过汽车的重心时，还会产生纵倾力矩。升力使车轮有抬高的趋势，减小了驱动轮的附着力并使转向车轮的操纵性变坏，而且升力还引起了诱导阻力。汽车在高速行驶时，会产生较大的气动升力，汽车会出现"发飘"的感觉，保持预定路线行驶的能力和可操纵性明显下降，这会严重影响汽车高速行驶的操纵稳定性和安全性。从安全方面考虑，减小汽车的气动升力比减小气动阻力更为重要。

4.2.1　整体造型对气动升力的影响

从减小气动升力的角度，楔形造型比甲壳虫型、船型和鱼型都好。楔形造型上曲面平缓的

压强变化使得它能产生较小的气动升力,甚至能产生负升力。各种使车身表面和横剖面圆滑过渡以增加两侧气流量的措施,都有利于降低气动升力。

4.2.2 前端形状对气动升力的影响

汽车前端的形状对前部气动升力影响较大。前凸且高[图4-33a)]不仅会产生较大的气动阻力,而且还将在车头上部形成较大的局部负升力区,要想减少阻力和前部的气动升力,可以通过设置凹状的进气通道[图4-33b)]。图4-33c)所示的车头局部修形也可以很好地改善车头上部的气流流态,具有较大倾斜角度的车头[图4-33d)]可以达到产生较小气动升力甚至负升力的目的。前风窗玻璃的倾斜角度对气动升力系数也有一定的影响。

车头头缘高度对前部气动升力的影响情况如图4-34所示,从图中可知,图3-34c)所示车头最好,车头较低,有一定的前倾。

4.2.3 尾部造型对气动升力的影响

尾部造型不同,尾部的气流状态也不同,图4-35给出了3种车尾造型对后部气动升力的影响,可以看出,图4-35a)所示方案最好。

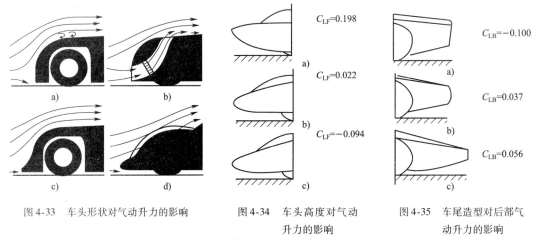

图4-33 车头形状对气动升力的影响

图4-34 车头高度对气动升力的影响

图4-35 车尾造型对后部气动升力的影响

4.2.4 底部造型对气动升力的影响

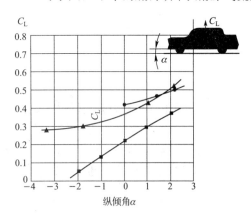

图4-36 底板纵倾角对气动升力系数的影响

对于凸凹不平的底部,由于底部气流杂乱无章,离地间隙对气动升力的影响几乎没有规律性。对于底部被覆盖起来的车型来说,存在一个最佳的离地间隙高度,在离地间隙大于此高度的情况下,气动升力随着离地间隙的减小而降低,当达到最佳距离后,气动升力随着距离的降低反而上升。

图4-36所示是汽车底板纵倾角对气动升力系数的影响,从图中可以看出,底板的纵倾角为负值的情况下,有利于减小气动升力。从理论上分析,对于完全光滑底板的车型而言,离地高度越低,进入底部前段的气流速度越快,压力反而越低,这样会在汽车底部的前部形成向下的负压区,从而降低汽车前部的气动升力。但在底部后段,由于车底边界层和地

面次生边界层的阻碍,会降低气流的速度,进而降低了车底后部的向下的负压区,增加了后部的气动升力。通常可以将车底设计成从前向后逐渐升高,或者设置一定的底部上翘角度,会降低后轴的升力,角度越大,降低得越多,但受到整体布置的限制。

4.2.5 附加装置

通过安装空气动力学附加装置,产生负升力,从而使车轮获得更大的附着力,以实现更好的驾驶性能,提高操纵稳定性。目前,在性能较好的高级轿车,特别是跑车和赛车上配置减小气动升力的附加装置较为普遍。

1. 负升力翼

减小气动升力的一个非常有效的附加装置就是负升力翼,它就是倒置的机翼,通过它产生一个向下的力以抵消一部分气动升力,从而增加车轮的地面附着力,改善汽车的动力性和操纵稳定性。根据负升力翼的安装位置,有前、后负升力翼之分。

图 4-37 所示说明了负升力翼的原理,它是一个反向的、以负的纵倾角安装的机翼。由于负升力的作用,汽车的地面附着力增加,改善了汽车的转向性能,容许汽车以较高的速度转弯,同样,驱动轮胎与路面相互作用改善,使汽车在加速和减速时能更有效地利用发动机的功率,这类问题对赛车和高速汽车非常重要。

2. 前负升力翼

前负升力翼的作用是产生汽车前部的负升力,从而改善汽车转向轮的附着性能,同时还可以部分平衡由后负升力翼引起的车头上仰力矩的影响。前负升力翼的安装位置通常很低,它的作用很大程度上受到离地间隙和翼攻角的影响。翼面距离地面的高度越小,所产生的负气动升力越大,但还受到通过性的影响;翼攻角必须取负值,才能保证产生负升力,攻角越大,产生的负气动升力越大。前翼的形状对气动升力也有一定的影响,如图 4-38 所示。前负升力翼不宜过长,否则会增加车宽,并使翼面容易产生振动。目前,许多赛车上已经不再采用前负升力翼,而是通过前部的造型来实现。

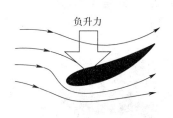

图 4-37 负升力翼的工作原理

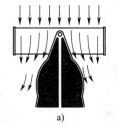  

图 4-38 前负升力翼的形状

3. 后负升力翼

后负升力翼的作用是产生汽车后部的负升力,改善汽车驱动轮的附着性能,以提高汽车的加速性和制动性。后翼板的长、宽、高尺寸应分别控制在 1000mm、500mm 和 800mm 范围内。

后负升力翼与车身表面之间的距离对气动升力有很大的影响,太近,会在车身表面形成局部方向向上的负压,从而减小负升力翼的作用;太远,由于负升力翼的支架过长,在高速行驶时会产生剧烈的振动甚至断裂发生事故。国际汽车运动联合会为此曾规定,安装的负升力翼其最高点离汽车悬架的下平面高度不得超过 800mm,研究中通常用后负升力翼距汽车表面的高度 h 和负升力翼弦长 C 之比来描述。图 4-39 表示了后负升力翼距离车身表面高度对气动升

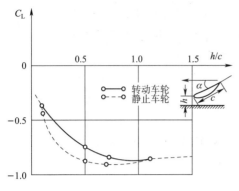

图 4-39　后负升力翼的高度对气动升力的影响

力系数的影响,可以看出,h 值越大,其升力系数负值越大,当 $h/C \geqslant 1$ 后,升力系数值基本不变。

经过负升力翼上表面的气流会产生一个向上偏斜的趋势,这样会减小气流相对负升力翼的攻角,从而导致负升力值减小。如果负升力翼的断面形状和角度设计得好,不仅可以产生局部的负升力,而且可以通过它改善车尾的气流状况来减小气动阻力。

对赛车而言,所需要的负升力最好是可以变化的,在较直的跑道上需要较低的负升力,这样可以减小阻力,有助于赛车提高车速。在曲折的车道上,需要较高的负升力,以保证赛车转弯时的稳定性。为了实现负升力可以变化,可以将负升力翼设计成角度可以调节的(图4-40),从而做到根据不同车速进行调节,产生相应大小的负升力,有的负升力翼还设计成带有襟翼(图4-41),这样可以通过改变襟翼的角度来实现负升力翼气动力大小的调整。

图 4-40　可调节角度的后负升力翼

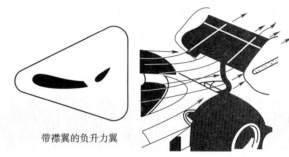

图 4-41　带襟翼的后负升力翼

早期赛车的负升力翼多为单支架,而单支架支撑刚度不强且容易导致负升力翼抖动。为了消除这两种弊端,同时利用支架起到扰流的作用,多采用双支架,特别是跑车,如图 4-42 所示。也有将端板代替支架作用,如图 4-43 所示,同时为了改善气流状况,在端板之间再设置几个小的支撑板。

图 4-42　双支架后负升力翼

图 4-43　端板代替支架的后负升力翼

负升力翼的端板的形状对气动升力系数有很大的影响,图 4-44 给出了 4 种翼端板形状对气动升力的影响结果。可以看出,对于产生负升力而言,以带有圆角头朝前的三角形翼端板形状最好。

负升力翼端板的大小对负升力翼的作用也有很大的影响。这是因为汽车上所作用的负升力翼长度有限,如果不在翼端设置端板,翼梢的绕流将很大程度上影响翼面气流状态,从而影响负升力的效果。但翼端板也不宜过大,否则会导致负升力翼的抖动。图4-45表示了大小翼端板对翼面气流的影响。可以看出,大翼端能保证产生负升力的效果。目前,为了加强翼端板的刚度,将其与车身侧围连接在一起,如图4-46所示,特别是在跑车上,后负升力翼的设计发展趋势是将后负升力翼与跑车侧后围高度融合在一起,如图4-47所示。

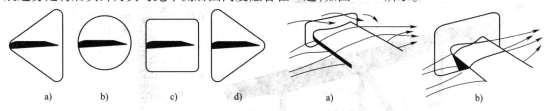

图4-44 负升力翼端板形状对气动升力系数的影响　　　图4-45 负升力翼端板大小的影响

图4-46 负升力翼端板与侧围连成一体

图4-47 负升力翼端板与侧后围高度融合

4. 前阻流板

当车底设置前阻流板时,可以避免气流直接冲击车身底部的凹凸不平,使气流流速加快,车底前部向下的负压明显增加,导致汽车气动升力下降。前阻流板高度对汽车表面压力分布的影响如图4-48所示,从图中可以看出,安装前阻流板以后,下车体底部的负压明显增大,因而可以使汽车升力下降,尤其是前部升力下降。

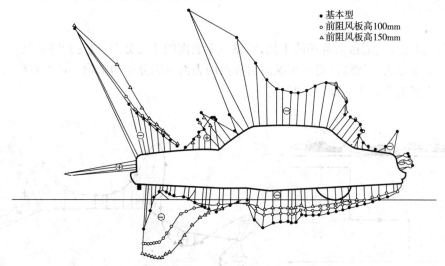

图4-48 前阻流板对压力分布的影响

从图4-49可以看出,对于某款车型,在 B 处,阻流板高度为 $60mm$,垂直布置时,气动升力最小;在 A 处,气动升力随着阻流板的高度增加而增加;在 C 处,阻流板高度小于 $40mm$,气动升力随高度增加而降低,阻流板高度大于 $40mm$ 以后,气动升力基本不随阻流板高度变化;在 B 处,安装倾斜 $50°$ 的阻流板时,气动升力比垂直布置时的任何位置都低,降低程度与阻流板长度相关,但长度超过 $120mm$ 以后,影响不大。

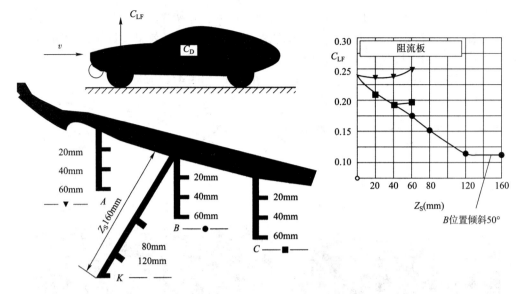

图 4-49 前阻流板对气动升力的影响

为了更好的说明前阻流板位置对气动升力的影响,图 4-50 表示 3 个极端位置的情况:

a 为将汽车模型前端的离地间隙完全封闭。

b 为将汽车模型直接放到地面上。

c 为在汽车后端阻塞底部气流。

从图中可以看出,从降低气动升力的角度,在汽车前端安装前阻流板是最理想的。当然这只是一种假设,实际上要完全阻塞底部气流是不可能的,由于汽车通过性的要求,只可能考虑部分阻塞的情况。在实际应用中,一般将前围与前阻流板做成一体,前围下边凸出一部分,称为凸起唇或前唇板。

5. 后扰流器

后扰流器主要是通过对流场的干扰,调整汽车表面的压力分布,以达到降低气动升力的目的。图 4-51 所示为后扰流器对轿车纵向对称面的表面压强分布的影响。可以看出,安装后扰流器以后,会使后车体上表面负压减小。

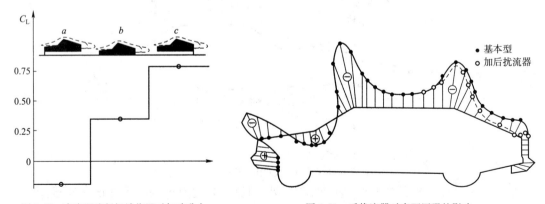

图 4-50 车底阻流板极端位置对气动升力系数的影响

图 4-51 后扰流器对表面压强的影响

后扰流器的安装高度也对气动升力有很大的影响,随着后扰流器高度的增加,后部气动升力明显降低,但对前部升力没有明显的影响。

后扰流器作用的发挥,与后车体的形状和到达扰流器之前的气流状态有关。对具有平顺气流的快背式和阶背式车型,有可能起到较好的作用,对于后窗凸出窗框的阶背式轿车,后扰流器往往是无效的。这是由于气流在后窗框处已经分离,后扰流器处在紊流之中,起不到原来的作用,即使是快背式轿车,如果气流在顶盖后部已经分离,那么,后扰流器也起不到作用。因此,后车体上是否安装扰流器,要看后车体的形状和其上的气流流动情况,否则,它只不过是造型上的装饰而已。

有的跑车,尾部装设的扰流器类似于负升力翼,有的直背式轿车在顶盖后缘装设扰流器,一般称为上翘,对降低气动阻力和气动升力都有利,现在很多汽车已经把后扰流器与行李舱后缘造型融为一体,成为鸭尾造型。

4.3 汽车总体参数对气动力的影响

汽车在气流中的状态受到形状参数、位置参数和功能参数的影响,前几节主要讨论了形状参数的影响,下面简要介绍位置参数和功能参数的影响。

1. 位置参数

1)纵倾角

纵倾角是汽车本体形状的纵轴线与水平线之间的夹角,它取决于汽车在运动时的载荷情况,一般行李舱和乘客的分布变化使纵倾角在±2°范围内改变。一般情况下,纵倾角减小,气动阻力和升力均降低,这就是现代汽车普遍采用负的纵倾角的原因。图4-52所示为某款轿车气动阻力系数与纵倾角的关系。

2)离地间隙

离地间隙指车底与地面之间的最小距离,但底板凸凹不平,不是一个理想光滑的平面,地面也有边界层效应,而且由于纵倾角的存在,这都会影响离地间隙与气动力之间的关系。离地间隙对气动阻力和气动升力的影响在前两节已经做了详细的分析,这里不再赘述。

3)横摆角

横摆角是指来流方向与汽车纵轴的夹角。在一般的讨论中,如果不是特别声明,都是指横摆角为0°的情况,即汽车运动方向与气流方向完全重合。但实际上,这种情况是非常少见的。试验表明,横摆角的改变对汽车的气动六分力均有影响,这是汽车设计所不希望看到的,应该努力使横摆角影响而造成的阻力增加尽可能小,至少应该考虑在±10°的范围内阻力增加不是非常明显。图4-53所示为红旗CA774轿车在速度为60m/s时横摆角与气动阻力系数的关系。

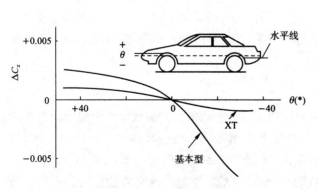

图4-52 纵倾角与气动阻力系数的关系

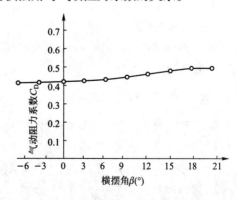

图4-53 横摆角对气动阻力系数的影响

2. 功能参数

功能参数包括由于载荷变化导致的气动阻力和气动升力的变化；由于车身功能性设备（顶篷收起、侧窗打开等）在使用中的变化对气动阻力和气动升力的影响；散热器片气流对气动阻力和气动升力的影响等。

1）载荷

汽车总载荷分布的变化会使前后轴载荷分别变化，直接影响位置参数中的纵倾角和离地间隙，因而，相应的气动阻力和气动升力都会发生改变。载荷的分布变化包括：半载、满载、前轴满载和后轴满载等。

2）散热器片气流

由于冷却需要产生的空气内部损失，汽车的气动阻力在格栅打开时是增加的，格栅全关闭以后，气动阻力会降低，设计优良的散热器格栅应使全开和全闭两种情况的气动阻力系数差值小于0.02。

3）车身功能设备

图4-54所示为顶篷对气动阻力系数的影响，可见，汽车的外露件越多，气动阻力系数越大。

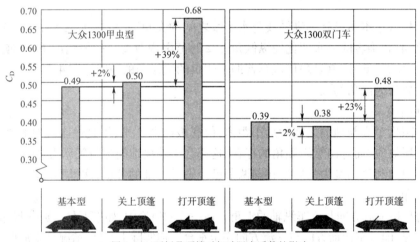

图4-54 可折叠顶篷对气动阻力系数的影响

4.4 轿车气动设计的整体趋势

在每届的国际汽车博览会上，各大汽车公司都会有一些概念车型展出，这些汽车的设计或者采用了新材料、新能源，或者以改进气动力特性为主要目标，对于轿车的气动设计，尤其侧重于降低气动阻力系数。

4.4.1 从低阻外形开始

一般情况下，在新的车型设计之初，首先应该寻求一个低阻力的流线体作为原始模型。图4-55所示为德国大众汽车公司的研究方案。基本体作为乘员的包容体，可以有各种低阻造型，从中选定一种基本造型后，进行风洞试验，将其逐步改造成实用的汽车造型。在整个汽车外形的设计过程中，需要进行大量的风洞试验，以寻求基本型的空气动力性能的合理性。图4-56所示为低阻形体的风洞试验研究。

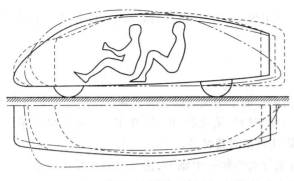
图 4-55 低阻力流线体的选择

图 4-56 低阻形体的风洞试验

4.4.2 减小正投影面积,压低车身高度

为了降低汽车的气动阻力,设法获得尽可能低的气动阻力系数固然重要,但是依据气动阻力与汽车的正投影面积成正比的关系,着眼于减小汽车的正投影面积,同样可以可降低气动阻力。

减小整车正投影面积的主要措施是降低车身高度,如日本的 Subaru XT 汽车总高仅为 1255mm,为了保证室内空间,该车的乘员均采取半躺的姿势。图 4-57 所示为车身低矮的 Pontiac 车型。另外,车身上凸出件尽量缩回,如保险杠端头、转向灯、后视镜、门把手等,发动机油底壳与底盘零部件应尽量隐藏在前阻风板高度之内,通过种种措施,来减小汽车的正投影面积,进而降低气动阻力。

图 4-57 车身低矮的 Pontiac

4.4.3 细部优化

从现有的汽车外形出发,通过其各个部分的细部优化,逐步改进,使其接近理想的流线型外形。在细部优化阶段,空气动力学工作者和造型设计师,可以充分利用风洞这一工具,对汽车局部细节进行优化设计,以达到降低气动阻力系数的目的。研究表明,汽车的各个部位的外形改进都有可能降低汽车的气动阻力系数,将汽车的主要部位外形加以改进,细部优化使其气动阻力降低的综合效果是非常客观的。作者的导师曾用红旗 CA774 轿车在风洞中进行外形优化的试验,经过 12 次改型以后,气动阻力从原来的 0.42 降低到 0.25,降低了 40%,效果非常明显,这表明,汽车外形的细部优化是减小汽车气动阻力、改进其气动特性的有效手段。

4.4.4 个性化和多样化

以空气动力学为主导进行造型设计,并不意味着墨守成规千篇一律地采用空气动力学的原则进行造型设计,更不意味着汽车造型大同小异,空气动力学给造型设计师以足够的施展才华的空间,使设计师们能够创造出更多的具有个性化的汽车造型。

随着社会的发展,人们对汽车样式的要求越来越高,更要求汽车具有不同的样式,具有个性化和多样化。只有不断推出新车型,满足人们不断提高的造型需求,才能使汽车更具有生命力。目前,汽车市场细化,每个汽车公司都有自己设计的针对不同的受众群体的车型。微型轿车小巧精致,满足了人们实用性和方便性的需求;年轻人的家庭轿车造型时尚、色彩明快,中年人的家庭轿车大气稳重;商务用车豪华舒适,SUV 视野开阔,越野性好……随着人们生活的改善,需求的增多,各种各样个性化的新车将不断出现,现实生活也将激发汽车设计师更多的灵感,创造出造型风格千变万化的新颖造型。

4.4.5 表面平滑化

物体周围的气流有一个最大的特点,若沿着表面平顺流动的气流遇到一点凸起或者沟槽,会产生分离,这一点点分流就会导致其后部大面积的气流紊乱,因此,在车身上从头到尾最大限度地保证连续性极为重要,表面平滑化可以实现这种连续性。

车身表面平滑化技术就是要考虑气流可能分离的每一个细节,使气动阻力系数一点一点的降低,图4-58所示为某款轿车采用的空气动力学措施,以保证气流的平顺过渡。

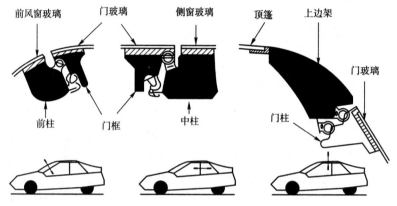

图 4-58 平滑化结构

目前,在很多车上都能看到平滑化技术的应用,在这些汽车上不仅实现了一般过渡表面的平滑化,而且采用外黏结式玻璃(内藏立柱)、平齐车灯以及半遮盖式轮罩等先进技术,使车身外表极其平滑。

练 习 题

1. 如果想获得一个好的轿车气动造型,需要考虑哪些因素?
2. 轿车前端形状、中部造型、尾部造型、车身底部等形状参数对气动阻力的影响因素包括哪些,并会分析其具体影响。
3. 附加装置的形状以及安装位置对气动阻力的影响是什么?
4. 减小轿车升力措施主要包括哪几方面?
5. 说出汽车的位置参数和功能参数对气动力的影响。
6. 谈谈未来轿车气动设计的总体趋势。

第 5 章　商用车的气动特性研究

5.1　引　言

商用车(Commercial Vehicle),是在设计和技术特征上用于运送人员和货物的汽车。它包含了所有的载货汽车和 9 座以上的客车,分为客车、货车、半挂牵引车、客车非完整车辆和货车非完整车辆,共五类。

与具有封闭式车身的轿车相比,商用车具有更大的正投影面积以及多种多样的车厢结构(如栏板式货箱,厢式车身,集装箱,半挂列车,全挂列车等),这就使得它们具有更大的气动阻力系数,从而气动阻力更大。据统计,各型汽车的正投影面积 A 的比例大约是,轿车:厢式汽车:客车:挂集装箱货车 = 2:4:7:9,可见,客车的正投影面积是轿车的 3 倍多,而挂集装箱货车的正投影面积是轿车的 4 倍多。一般汽车的气动阻力系数分布见表 5-1,客车的 C_D 值大约是轿车的 1.5 倍,半挂车和全挂车(统称载货汽车,简称货车)的 C_D 值大约是轿车的 2 倍,而敞篷货车的 C_D 值要更大些。

汽车的气动阻力与正投影面积和气动阻力系数之积 $C_D A$ 成正比,故可推算出,客车的气动阻力大约是轿车的 5 倍,而货车的气动阻力大约是轿车的 9 倍。

各型汽车的气动阻力系数分布范围　　表 5-1

车型	轿车 passenger car	厢式汽车 light van	客车 bus	半挂车 semitrailer	拖挂车 tractor-trailer
C_D	0.30~0.52	0.40~0.57	0.50~0.80	0.65~0.90	0.75~1.00

气动阻力系数 C_D 一般指汽车在静止空气中以零横摆角($\beta = 0°$)行驶时所测得的值,但汽车的实际行驶环境中常常伴有侧向风,此时 $C_D(\beta = 0°)$ 不足以全面描述汽车的气动特性,又由于商用车的外形都比较接近于钝头体,其车身长度较大,所以当有侧风存在时,其 C_D 随横摆角变化比较明显,图 5-1[24] 指出了不同车型的气动阻力相对值 $C_D/C_D(\beta = 0°)$ 随横摆角 β 的变化情况。

综上所述,商用车的气动阻力比轿车要大得多,且对侧风比较敏感。可想而知,由于气动阻力引起的商用车燃油消耗量也是很大的,因此,商用车的空气动力学研究显得日益重要。另外,由于正投影面积是由商用车的

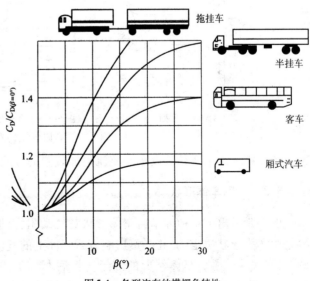

图 5-1　各型汽车的横摆角特性

使用要求决定的,只能在很小的范围内变化,而且它的基本尺寸受到法规的限制,所以应该把商用车的空气动力学改进集中在降低气动阻力系数上。商用车的概念主要是从其自身用途不同来定义的,习惯把商用车划分为客车和货车两大类。本书分别以客车和货车来阐述商用车的空气动力特性,为这两类车型的气动设计提供参考。

5.2 大客车的气动特性

5.2.1 整车造型

一般来说,大客车的基本形状是长方体,其变化空间比较小。通常为保证气流的平稳流过,会对其进行边角圆化,并且加装空气动力学附加装置来降低气动阻力。在对其造型过程中,一般遵循了由大平正方面到单曲面小弧角面再到大弧双曲面的过程。另外,经研究表明,一般对气动阻力系数来说,客车有一个最佳长宽比。

5.2.2 车头形状

一般客车的表面压强分布如图 5-2 所示。由图可见,正压区集中分布在客车的头部,所以它是产生气动阻力的主要区域。如图 5-3 所示,原型车 $C_D=0.88$;车头边角倒圆后,C_D 值一下子降到 0.36;而将整个车头流线型化后,C_D 值也只不过再降 0.02 左右,并且带来了弊端,牺牲了乘坐空间。可见对大客车气动阻力有较大影响的一个重要因素是车头边角,特别是上边角,它的倒圆可以大大降低气动阻力系数,收到相当理想的效果。

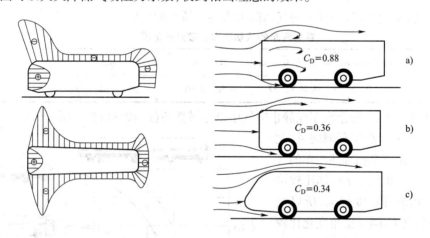

图 5-2 大客车外表的压力分布　　图 5-3 大客车车头边角倒圆和流线型化对 C_D 的影响
　　　　　　　　　　　　　　　　　a)原型车;b)车头边角倒圆;c)整个车头流线型化

图 5-4 示出了 9 种装设车头整流附加装置的方法,它们对 C_D 值均产生不同程度的效果。

5.2.3 后车体形状

图 5-5 示出了 4 种客车后车体形状对气动阻力的影响。由图可见,由于客车气动阻力主要是由车头形状决定的,并严重影响着后车体上的气流流动情况,将车头的上边角和侧边角倒圆,可以大大改善后车体修形的效果。将后车体上边角倒圆后,气动阻力系数下降了 4% ~ 8%;将后车体上缘和侧缘倾斜 5°的倾角后,阻力系数下降了 6% ~ 20%;再将 5°倾斜面的下边

角倒圆后,阻力系数下降了 9%~22%;最后将后车体延长,并使后车体上部具有较大的倾斜面,可使气动阻力系数下降 14%~35%。但是最后这种方案会使客车后悬增长并影响内部的空间利用,所以它很难在公共汽车上采用。

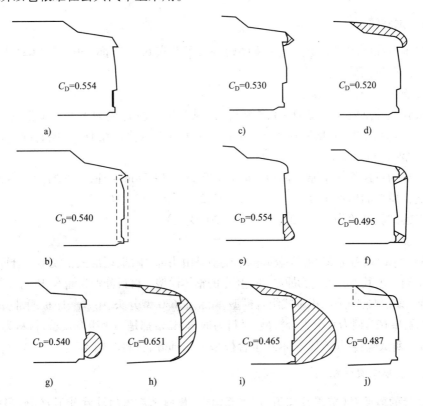

图 5-4 车头附加装置对气动阻力的影响

由以上分析可见,客车的空气动力学的研究角度与一般轿车有所不同,这是由其形状特点决定的。大客车的气动设计应以边角倒圆为主,即在边角圆化及表面平滑化方面作的工作较多,而对整体造型变动少些。其次,在不影响结构设计和内部空间的前提下,适当进行流线型化设计。

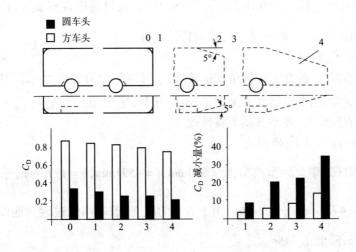

图 5-5 四种后车体形状对气动阻力的影响

5.3 国产轻型客车的气动特性分析

5.3.1 试验情况

长春汽车研究所的傅立敏高级工程师曾进行了北京630、首都630、红星621和沈阳622B四个车型的模型风洞试验。

1. 试验条件

测力试验在北京航空学院D-4风洞进行,风洞试验段直径为1.5m,为三元开路闭口木结构风洞,采用1:10模型,堵塞比为2%左右。压力分布试验是在D-1风洞进行。流谱观察是在D-2风洞进行(油流与丝线试验)。

测力试验的风速除红星原始模型采取v=20、30、37~38m/s外,其他均为37~38m/s。

测力试验模型的横摆角β为-4°、-2°、0°、2°、4°、8°、12°、16°、20°。

流谱观察试验β角为0°~20°(按0°、8°、20°变化)。

2. 试验模型

(1)第一期试验:首都630型小公共汽车模型是由头部、中部、尾部三个模型组合而成的,即采用积木式组合模型,其他三者均为原型和改型车的整体模型。材料分别为楠木、核桃木和红木。

(2)第二期试验:均采用积木式组合模型,除北京630型分头、中、尾、底板四部分外,其他都为三部分。红星621型为六个组合模型,材料为椴木,其余都是两个组合模型,材料为核桃木。

(3)第三期试验:红星621积木式组合模型分三部分,材料为椴木。

5.3.2 试验结果分析

1. 过渡处的弧面对(前围至侧围、前端至顶部、侧围至后围的过渡外形)C_D的影响

北京630和首都630汽车原型的顶盖和前端出现较大的涡流区,这是由其前端和侧面有比较凸出的折线过渡导致的。红星621汽车的前端至侧面是棱角过渡,使之在侧窗附近出现了较大的涡流区。

经试验分析,对红星621汽车前端外形和后端外形进行了改进,使其气动阻力系数降低。原型车$C_D=0.481$,改进后$C_D=0.4422$,$\frac{\Delta C_D}{C_D}=8.3\%$。通过流谱观察试验,涡流区明显减小。可见,通过微小的造型变化,就可使空气动力特性改善。

2. 尾部外形对C_D的影响

通过组合模型试验,改变车尾倾角和过渡形式,可使气动阻力系数C_D降低,红星621型汽车通过尾部组合试验,当采用第六方案时$C_D=0.4644$,采用第三方案时$C_D=0.4422$,都较原型的$C_D=0.481$有所降低,使空气动力特性改善。

3. 几何断面的改变对C_D的影响

图5-6为沈阳622B型原型汽车:$l_1=850$mm,$l=4593$mm,$b=1770$mm,$\frac{b}{l}=2.59$;改型汽车:$l_1=980$mm,$l=4723$mm,$\frac{b}{l}=2.66$。由于l_1、l的改变,前端圆弧过渡到侧面的阻力系数C_D从0.77降至0.43,降低了44%。

从对沈阳622B原型车的试验分析中发现,由于顶部凹筋、帽檐和流水槽的设计不当而引

起气流分离现象严重。而当顶部凹筋减小、取消帽檐、流水槽作适当改动后,分离现象就能改善。这就是由于干扰阻力下降,使阻力系数降低了。

4. 风压中心的位置对空气动力稳定性的影响

风压中心的位置对空气动力稳定性影响较大。汽车行驶时,除受正面风作用外,还受到侧面风的作用,使风向与汽车的纵轴线成 β 角而产生了侧向力。该力作用在风压中心上,形成了绕汽车重心作用的横摆力矩,它使汽车绕通过重心的垂直轴回转。

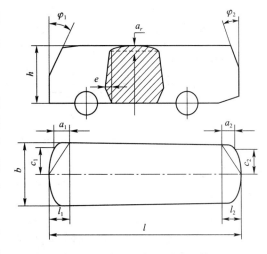

图 5-6 轻型客车试验模型几何断面简图

理想的情况下风压中心应与重心位置一致,为了减小横摆力矩,应尽可能使风压中心后移。红星 621 改型车风压中心在重心之后 207mm,比原型车后移 80mm,经试验证明空气动力稳定性得到改善。

从以上国产轻型客车所进行的几项主要试验可以看出,通过外形的改变是可以改善气动力特性的。

5.4 货车的气动特性

5.4.1 驾驶室形状

货车驾驶室的 C_D 值,很大程度上受其前表面形状和其圆角半径的影响。有研究表明,平头驾驶室上缘倒圆,辅以 70°前风窗为佳。如果单独从驾驶室本身来考虑,使驾驶室前部流线型化,可以减小驾驶室本身的气动阻力值。但厢式货车通常有高出驾驶室的箱体,且驾驶室又处在箱体的前面。驾驶室外形的变化,就会改变箱体上气流的流动状况,从而影响作用在箱体上的气动力。图 5-7 中列出了厢式货车驾驶室流线型化前和流线型化后的压力分布情况。

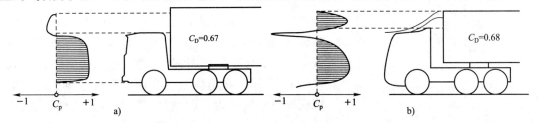

图 5-7 驾驶室形状对压力分布的影响

由图 5-7 可见,驾驶室流线型化后,减小了作用在驾驶室前面的正压区,可以减小驾驶室上的气动阻力。但是箱体前上方的压力,都由负压变成了正压,从而增大了箱体上的气动阻力。

可见,驾驶室侧面形状与箱体的匹配很重要,特别是驾驶室侧面的尖角与圆角对气流的引导起了相当大的作用,如图 5-8 所示的几种情况,为获得低阻力,应使驾驶室形状能引导气流不与后货箱冲击并沿侧面平顺流动为最佳。

5.4.2 箱体高度

在分析箱体高度对气动阻力的影响时,由于货车驾驶室的形状对箱体的气流、压力分布和

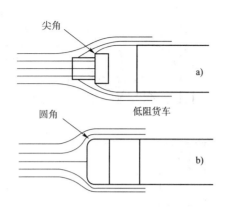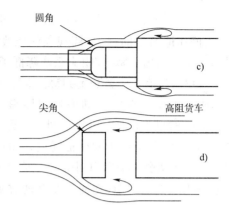

图 5-8 驾驶室侧面形状与箱体的匹配

气动阻力有很大的影响,因此,必须对不同的驾驶室形状分别加以讨论。在图 5-9 中列出了方形驾驶室和上边角倒圆驾驶室两种情况下,当箱体高度增大时,其气流的流动状态。

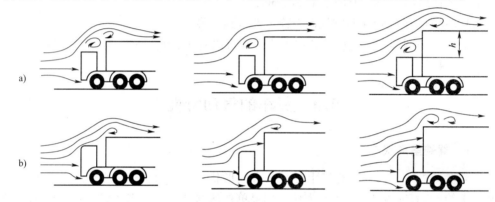

图 5-9 不同驾驶室形状和箱体高度的气流流态
a) 方形驾驶室; b) 上边角倒圆驾驶室

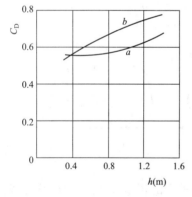

图 5-10 箱体高度差与气动阻力系数的关系
a-方形驾驶室; b-倒圆驾驶室

由图 5-9 可见,对方形驾驶室,由于在驾驶室上边角处气流分离早,中等高度的箱体,能得到较为贴附的箱体气流,因此气动阻力系数较小。对上边角倒圆的驾驶室,由于通过驾驶室上方的气流基本上没有分离,因此低高度的箱体,可以获得较小的气动阻力,随着箱体高度的增大,作用在箱体上的迎面气流的分离程度增加,因而导致了气动阻力的增加。正是由于这种不同的气流流动状态,导致了不同的气动阻力随高度的变化曲线(图 5-10)。

5.4.3 驾驶室与箱体之间的间隙

若将驾驶室和挂车的间距拉长,则车会形成两个部分,C_D 值增大,这是由于滑流现象所引起的。

图 5-11 中列出了常见的三种厢式货车气动阻力系数随 β 角的变化曲线。这三种货车具有不同的驾驶室和箱体之间的间隙 s 值。

A 车为固定式厢式车,其 s 为最小。随着 β 角的增加,C_D 值上升比较缓慢。

B 车为接合式全尺寸厢式货车,具有中等的 s 值,当 $\beta=0°$ 时,其 C_D 值约比 A 车增加 40%。

C 车为二分之一厢式货车,其 s 值为最大。当 $\beta=0°$ 时,其 C_D 值均比 A 型车增加 80%,且其 C_D 值随 β 角的增加而迅速增加。

图 5-12 示出了一辆半挂车的气动力特性,其阻力由底盘、驾驶室和货箱构成,当间隙 s 增加时,各部分 C_D 值均增加;有横摆角时,底盘和货箱的 C_D 随 β 变化比较明显。

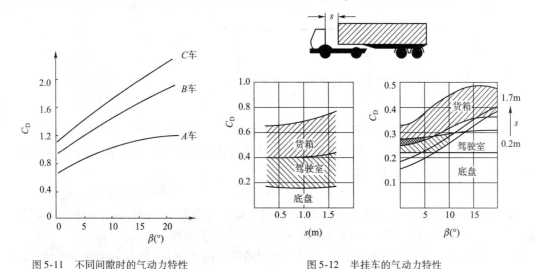

图 5-11　不同间隙时的气动力特性　　　　图 5-12　半挂车的气动力特性

5.5　货车空气动力附加装置

货车由于自身结构的原因,将不可避免地有不利于改善气动特性的流动机制,仅靠对基本外形进行优化设计改善气动特性,已不能完全解决问题,而在特定部位增设一定的气动附加装置,可以获得满意的效果。货车常采用的空气动力附加装置有导流罩、导流片、间隙密封板、侧裙板和稳涡装置等。

5.5.1　货车空气动力学附加装置种类

1. 导流装置

(1)导流罩:导流罩是安装在货车驾驶室顶盖上的整流装置(图 5-13),主要是为了改善撞在拖车前围上的气流特性,以减小阻力。其减阻机理是,驾驶室与箱体之间存在着高度差时,通过导流罩来控制气流的分离,在箱体和驾驶室间形成一个屏蔽区,引导气流平顺地流向箱体,而不致直接冲击箱体上部,使两者的气流流动相匹配,从而达到减小货车气动阻力的目的。

图 5-14 为厢式货车安装导流罩前后压力分布的变化情况,由图可见,当驾驶室顶加装导流罩时,如果导流罩设计得合理,就有可能使箱体前部的正压区变为负压区,从而起到减小货车空气阻力的作用。

图 5-13　导流罩

导流罩的具体形式要根据不同的车型具体确定,严格的匹配才能到达好的减阻效果,资料表明,若匹配得当,可使 C_D 减小 30%。值得一提的是,随着导流罩的广泛应用,有关厂家还推出了高顶驾驶室厢式货车(图 5-15),不仅满足了空气动力学要求,还提高了驾驶员的乘坐舒适性。

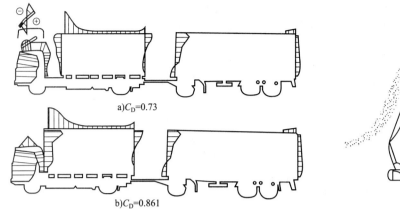

图5-14 导流罩对压力分布的影响　　图5-15 高顶驾驶室厢式货车气流流动

（2）导流片：导流片是安装在稍微离开前方两拐角处的装置（图5-16），目的是改善拐角处的流动状态，使之顺流，从而达到减阻的目的。

2. 侧风稳定装置

由前面的讨论可知，厢式货车在有侧风时，其气动阻力会有明显的增加。因此在厢式货车上通常有防止侧风作用的装置，常见的侧风稳定装置有以下两种：

（1）间隙密封罩：厢式货车驾驶室与箱体之间通常有间隙存在，当货车在侧风环境下运行时，会有气流横穿该间隙，使前面迎风面积增大，正压区增大，后部尾涡区增大，气动阻力增大。因此在间隙处加密封罩（图5-17），就可以防止这种横向穿流而起到减阻的作用。这种装置在驾驶室与箱体之间的间隙较大时，其作用更为明显。

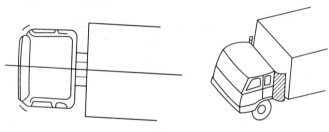

图5-16 导流片　　图5-17 间隙密封罩

（2）侧裙板：当汽车在侧风环境下运行时，有部分气流横穿底部，冲刷底部粗糙物和粗糙表面，从而使气动特性恶化。为改善这种情况，减小阻力，在挂车货箱底板下方两侧加侧裙板（图5-18）。

3. 稳涡装置

它是安装在货箱（货车或拖车）前围上部的附加装置（图5-19），目的是使货车驾驶室与货箱之间涡流受阻滞甚至破碎，稳定相对气流在驾驶室与货箱之间产生的非定常涡，以达到减阻的目的。

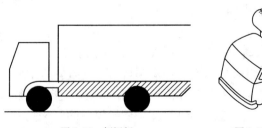

图5-18 侧裙板　　图5-19 稳涡装置

除了以上介绍的三种,还有一些装置可以降低 C_D,如散热器面罩(因内流对 C_D 有影响)、发动机底面护板的最佳设计、前柱流水槽形状的最佳设计等。更为广泛地采用降低 C_D 的装置,如荷兰的 DAF 牌货车采用了导风板兼做卧舱的方法,有效地利用了导风板下面的空间;轿车上广泛采用的前阻流板,对于货车也被认为是有效的。此外,封闭车厢和货箱大部分是方形的,所以新的空气动力装置将有所发展。

5.5.2 附加装置的作用效果

表5-2是意大利菲亚特研究中心所进行的牵引挂车车身细节和附加装置对 C_D 值影响的研究结果。由表5-2可见,装不同导流罩可使 C_D 值下降 22.6%~23.8%(图2~图5);最好的导流罩使 C_D 值下降 24%(图6);当它和侧裙及隔板连用时,可使 C_D 值下降到 27.1%(图7),具有圆弧拐角导流罩及平滑外板的集装箱,可使 C_D 值下降 22%(图9);当它和导流罩相匹配后,C_D 值可下降 34%(图10)。由此可见,在货车、牵引车及半挂车上装置导流罩及各种附加装置,会取得综合最优效果,对它们应进行优化组合。

一汽技术中心曾在中国气动力研究中心的 8m×6m 风洞进行了 CA141 的附加装置试验,试验车如图 5-20 所示,所测气动阻力系数降低值列于表5-3,可见仅加篷一项就可使 C_D 值降低 12%,加全部附加装置(篷、导流罩、前阻风板、车箱及保险架辅助板等)可使 C_D 值降低 24%。CA141 采用附加装置后使油耗降低 2~4L/100km。可见,对于货车来说,附加装置是非常有效的空气动力学设施。

牵引挂车的车身细节和附加装置对 C_D 值的影响　　　　　表5-2

	C_D	C_D 减小量(%)		C_D	C_D 减小量(%)
 图1	0.863		 图6	0.656	24
 图2	0.663	23.2	 图7	0.629	27.1
 图3	0.660	23.5	 图8	0.820	4.2
 图4	0.657	23.8	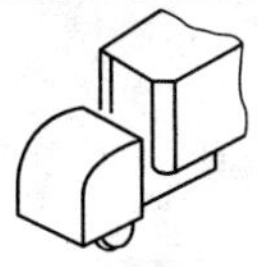 图9	0.673	22
 图5	0.668	22.6	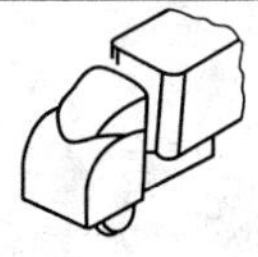 图10	0.568	34.1

表 5-3 CA141 附加装置后气动阻力系数的降低值

	加篷	加导流罩	加前阻风板	加全部附加装置
气动阻力系数降低值 ΔC_D	-0.10	-0.036	-0.0824	-0.23
气动阻力系数降低百分数(%)	12	4.2	8	24

图 5-20 CA141 加篷和导流罩的情况

练 习 题

1. 说出商用车的定义。
2. 客车,货车从空气动力学的研究角度与一般轿车的不同之处体现在什么地方以及原因。
3. 画出典型大客车的表面压强分布图。
4. 了解国产轻型客车的气动特性分析,会分析大客车的气动特性。
5. 影响货车气动特性的因素有哪些?
6. 货车空气动力学附加装置包括哪几类以及各自的作用是什么?

第 6 章 汽车尘土污染及空气动力噪声

6.1 汽车尘土污染

汽车周围的流场会卷起路面或者环境中的尘土,这些尘土可能会附着在车身上,会对能见度和行车安全性造成很大影响。在雨雪天气行驶情况下,尘土和雨雪混合,会使汽车外表的污染更为严重。尘土和其他污染物也可能附着在发动机舱和车身底部,影响汽车关键总成或者零部件的性能甚至产生腐蚀。因此,许多研究工作都在努力控制车身周围的流动,防止尘土上卷和附着。

6.1.1 车头污染

大多数行驶情况下,汽车头部存在较大范围的滞区(Stagnation Region),如图 6-1 所示。一般会在这个滞区设置进气格栅,为发动机进气歧管、散热器等提供空气。汽车前方的尘土、雨水等也会进入格栅,进气歧管通过空气滤清器来过滤掉尘土、空调滤网也起到类似的作用。尘土会附着在发动机舱其余部件或总成上,通常并不会直接影响汽车性能,但是如果灰尘过多,有可能影响零部件或者总成的散热性能。图 6-2 是轿车发动机舱的尘土污染现象。对于汽车头部的尘土污染,目前具有可行性的办法并不多,通常的措施是使用过滤装置为相关系统提供干净空气,不需要有冷却气流通过的位置则尽量密封。

此外,汽车头部的车灯外罩需要经常保持清洁,否则可能无法提供充足的光线,影响安全性。可采用车灯清洗装置来保持清洁,但会增加成本。

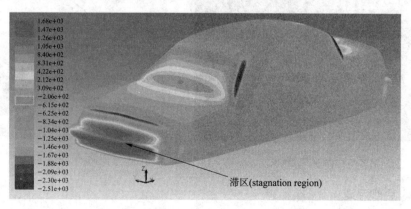

图 6-1 汽车表面压力分布(单位:Pa)与滞区

6.1.2 风窗玻璃

保持汽车前风窗玻璃清洁状态是安全行驶的重要前提,而前风窗玻璃最容易受到雨水以

图6-2 轿车发动机舱的尘土

及雨水与尘土的混合物的影响,因此如何有效去除这些污染物是研究工作的重点。

刮水器(图6-3)是最广泛使用的风窗清洁装置,近年来新材料的技术进步,尤其是纳米技术的应用,使得自清洁风窗成为可能(self cleaning windshield),如Pininfarina公司的概念车Hidra,如图6-4所示。

由于技术、工艺、成本等原因,目前大规模的产业应用仍然是传统的刮水器。轿车前风窗玻璃表面的气流速度较高,刮水器会在气动升力的作用下发生上浮,不利于清洁风窗玻璃表面,且很容易在风窗玻璃表面产生污染物印迹,严重影响能见度和视野。如何防止刮水器的上浮,应主要研究前风窗玻璃的流动结构和刮水器截面的气动特性。为保持刮水器在风窗上的附着,可以采用刮水器扰流板或者具有负升力气动形状的无骨刮水器,如图6-5和图6-6所示。

图6-3 风窗刮水器

图6-4 Pininfarina公司的Hidra概念车

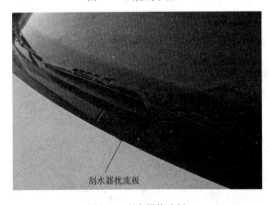

图6-5 刮水器扰流板

图6-6 无骨刮水器

6.1.3 后部污染

对于典型的阶背式轿车造型,后风窗的气流速度较高,有助于带走尘土和雨水,但是对于快背式和方背式轿车,后窗部位则容易积累灰尘泥土。主要原因是不同造型轿车具有不同的后风窗流动结构,比如方背式轿车车顶的气流一般会在车顶的后缘发生分离,其后风窗表面的流速较低,雨水与尘土的混合物就很容易附着在后风窗表面。因此,方背式轿车后风窗也常常安装一个刮水器,用于清洁后风窗表面。另外在设计方背式轿车尾部扰流板时,常常也要向后风窗引导一部分气流，目的是形成较高速的流动，从而起到吹掉灰尘的作用。对于快背式轿车，后风窗表面流速原本较高，但是会产生较大的气动升力，对操纵稳定性会带来不利影响，故经常安装车尾扰流板来提供额外的下压力。快背式轿车的车尾扰流板会降低后风窗的流速，导致雨水泥土的附着，因此也常常安装后风窗刮水器来保持清洁，如图6-7所示。

图6-7 轿车后风窗刮水器

6.1.4 侧壁污染

汽车侧面后视镜附着的雨水会直接影响侧后方的视野，如图6-8所示，可以采用电加热后视镜来蒸发水滴或水雾。侧窗上的雨水与泥土也会间接影响侧后方视野，如图6-9所示，沃尔沃汽车公司研究了后视镜形状对雨水和污染物在侧窗上附着的影响。通过改变后视镜外形特征，能够减小其尾流造成的侧窗污染。

图6-8 后视镜镜面的雨水污染

图6-9 后视镜侧窗雨水污染

商用车驾驶室侧面也容易受到泥土污染，通常在驾驶室的前端与侧面过渡区域，设计导流装置，既有利于引导较高速度的气流在一定程度上带走泥土污染，又可以减小此处的流动分离现象，从而减小气动阻力，如图6-10所示。

图6-10 商用车驾驶室前端与侧壁之间的导流装置（如Scania货车）

6.1.5 底部污染

显然，汽车底部的污染不容易被发现，但是却会影响汽车的性能，尤其是在降雪地区，雪水与融雪剂会腐蚀汽车，如图6-11所示，严重情况下会导致零部件损害，危害行车安全性。

在底部安装封闭性较好的盖板能够在一定程度上防止腐蚀,但是并非所有零部件都能覆盖,如图 6-12 所示。

图 6-11 底部的腐蚀

图 6-12 轿车底部的盖板

6.2 汽车气动噪声

随着公路等级和车速的提高,汽车高速行驶时的气动噪声问题得到了越来越多的关注,因为气动噪声不仅影响舒适性,也会使驾驶员易疲劳,影响安全性。因此汽车气动噪声成为了涉及机械工程、流体力学、声学、美学等多个学科的研究热点。

6.2.1 汽车气动噪声声源的分类

流场中的理想化声源模型主要包括单极子声源(Monopole Source)、双极子声源(Dipole Source)和四极子声源(Quadrupole Source)。单极子声源的声压级与流场平均速度的 4 次方成比例;双极子声源的声压级与流场平均速度的 6 次方成比例;四极子声源的声压级与流场平均速度的 8 次方成比例。由此可见流速增加会显著影响噪声。

流场中实际存在的声源为以上各种声源的集合体,大部分是双极子和四极子声源的集合体。根据相关研究,本文总结了汽车气动噪声声源的分类,产生气动噪声的原因大体上包括三种,即密封不良、二维分离流动以及三维分离流动,见表 6-1。

汽车气动噪声声源分类 表 6-1

噪声名称	产生原因	噪声声源名称	主要位置
气动噪声 Aerodynamic Noise	密封不良	泄漏噪声(Leak Noise)	车门、车窗的密封位置
	二维分离流动	边缘噪声(Edge Tone)	发动机罩前缘
		风鸣噪声(Aeolian Tone)	收音机天线车顶行李架
		空腔共鸣噪声(Cavity Noise)	天窗或侧窗的开启
	三维分离流动	风激流噪声(Wind Rush Noise)	A 柱与后视镜

二维分离流动引起的气动噪声主要特点是在低频范围内存在噪声峰值和特定频率,属于窄频域噪声,如天窗开启时产生的空腔共鸣噪声或者车顶行李架产生的风鸣噪声。由三维分离流动产生的气动噪声虽然主要能量集中于低频范围,但一般没有产生噪声峰值的特定频率,属于宽频域噪声。

1. 泄漏噪声与边缘噪声

泄漏噪声(Leak Noise/Aspiration Noise)由车内和车外之间存在直接的空气流动途径而产生。通常车外的空气压力低于车内的空气压力,这个压力差使空气以较高速度从连通车内和车外的缝隙中流过。

如果存在泄漏噪声,那么它几乎总是气动噪声源的最主要成分。因此降低汽车气动噪声的前提是尽量消除泄漏噪声。泄漏噪声最容易出现的区域是车门密封和车窗密封。当前生产的乘用车的密封性能一般比较好,大部分泄漏噪声可以通过对车门、车窗密封的改进来消除。然而国产商用汽车,尤其是载货汽车的密封性能还有待进一步提高,降低商用汽车的气动噪声需要先保证其密封性能,再考虑其他因素。

另外,当前汽车造型力求在发动机罩前缘与前格栅、前照灯的过渡平滑,基本消除了二维分离流动产生的边缘噪声(Edge Tone),在车身其他位置也应该尽量避免锋利的边缘或者凸起暴露在气流中,以避免产生边缘噪声。

2. 空腔共鸣噪声

即使不存在直接的泄漏,汽车上存在的空腔也会产生噪声。由于流场中空腔外部运动的气流与空腔内部静止的气流相互作用,在其开口的前缘位置会产生二维剪切层(Shear Layer)流动。当空腔内外气流速度差超过一个临界值时,这个剪切层流动变得不稳定,导致此处产生周期性的涡流。如果涡流的射流频率与车内体积形成的固有频率一致,就会产生所谓亥姆霍兹共鸣(Helmholtz Resonance)现象,从而产生了空腔共鸣噪声(Cavity Noise)。

汽车空腔共鸣噪声的典型例子是开启侧窗。在相关研究中,开启侧窗或者车顶天窗产生的共鸣噪声也常称作风振噪声(Buffeting/Wind Throb)。虽然人耳对低频噪声并不敏感,但是人体对低频噪声很敏感,很容易产生疲劳和不愉快的感觉。对于车顶天窗可以通过试验和计算来尽量寻找避开共鸣区的开度位置,或者在天窗前缘设置导流板(Deflector)来对流动进行干预,避免产生周期性的剪切层流动。而对于侧窗开启产生的气动噪声目前还没有十分实用的解决方案。

3. 风鸣噪声

当气流流经圆柱或者类似几何形体时在其尾流产生周期性的涡流(卡门涡),由卡门涡产生的气动噪声称为风鸣噪声(Aeolian Tone)。收音机天线与 SUV 车型的车顶行李架常常暴露在高速气流中,产生的风鸣噪声在低频区很明显,会显著影响车内噪声水平。采用对收音机天线上添加螺线或者将天线制造成阶梯形状的方法能够有效消除其尾流区的卡门涡。而 SUV 车型的车顶行李架属于造型部件,采用上述两种方法不仅会影响行李架的功能也会影响其外观。

4. 风激流噪声

风激流噪声(Wind Rush Noise)是由车辆外部气流的压力脉动产生的。流经汽车表面的气流大部分为湍流,汽车表面的压力随时间不断的变化。即使假设汽车表面为刚体并且没有任何泄漏,但是由于气流压力脉动产生的噪声也会向各个方向辐射。而汽车表面并不是刚体,由气流压力脉动会产生车窗与车身板件的振动,并向车内传递噪声。另外,即使气流在汽车表面保持附着,但因为汽车表面大部分都是湍流边界层,所以也会产生风激流噪声。

通常最严重的风激流噪声产生在后视镜与 A 柱区域,此处气流速度会比自由流速高 60%。并且此处的分离流动会在侧窗和顶盖的部分区域产生强烈的压力脉动和噪声。风激流噪声由三维分离流动产生,属于宽频域噪声。

综上所述并根据相关研究,本文将轿车/SUV 的外部气动噪声声源的主要位置总结如图 6-13 所示。

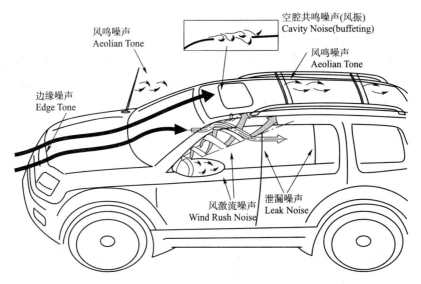

图 6-13 轿车/SUV 的外部气动噪声声源位置示意图

6.2.2 汽车气动噪声的研究方法

1. 理论基础

Lighthill 方程式(6-1)是研究流体发声的最基本的方程之一,它反映了流体中声波运动与流场参数的关系。

$$\frac{\partial^2 \rho'}{\partial t^2} - c_0^2 \nabla^2 \rho' = \frac{\partial^2 T_{ij}}{\partial x_i \partial x_j} \tag{6-1}$$

$$T_{ij} = \rho u_i u_j + (p - p_0)\delta_{ij} - c_0^2(\rho - \rho_0)\delta_{ij} \tag{6-2}$$

式中:T_{ij}——Lighthill 张量;

$(p - p_0)$——流场中压力的脉动量;

$(\rho - \rho_0)$——流体密度的波动量;

δ_{ij}——单位张量;

c_0——声速。

应力张量可通过实验或数值模拟的方法获得。Lighthill 方程所适用的条件与车辆行驶时的一般工况还有一定的差距。实际计算中,常常根据具体问题作进一步的简化。汽车外部气动噪声中的双极子声源为主导,其在远场的压力就可应用 Lighthill – Curle 分析理论表示为:

$$p(\vec{x}, t) = \frac{1}{4\pi c_0} \int_S \frac{\vec{n} \cdot \vec{r}}{|r|^2} \frac{\partial P(t)}{\partial t} dS \tag{6-3}$$

式中:$\vec{n}$——固体表面法向;

$\vec{r}$——从固体表面的点指向麦克风位置(监测点)的向量;

S——固体表面。

Ffowcs Williams-Hawkings 方程可将 Lighthill-Curle 分析方法扩展到运动固体边界,如下式表示:

$$\frac{\partial^2 \rho'}{\partial t^2} - c_0^2 \nabla^2 \rho' = \frac{\partial^2 T_{ij}}{\partial x_i \partial x_j} - \frac{\partial}{\partial x_i}\left[(p'\delta_{ij})\frac{\partial f}{\partial x}\partial j(f)\right] + \frac{\partial}{\partial t}\left[\rho_0 u_i \frac{\partial f}{\partial x_i}\delta(f)\right] \tag{6-4}$$

方程右边第一项为 Lighthill 声源项;第二项为表面脉动压力产生的声源;第三项为表面加速度引起的声源。

2. 试验方法

气动噪声的试验方法包括风洞试验和道路试验。风洞试验的主要优点在于风洞中没有汽车的发动机、传动系统、轮胎等噪声,这样就能够单独测量气动噪声。风洞中的流场参数容易控制,测量的可重复性高、精度高,能够进行一些关键部件的优化设计,比如不同形式的 A 柱位置的辅助密封会导致车内噪声相差 1dB(A),而在道路试验中反映出这个量级的差别比较困难。如果能将每个关键部件或者区域的气动噪声降低一些,那么综合的降噪效果就会很明显,在道路试验中却几乎不可能测量出部件改进的效果。

另外,在新车型的设计初期阶段即可开展气动噪声的风洞试验研究,有利于及时地发现设计不足并加以改进。然而,全尺寸低噪声汽车风洞的建造和使用成本非常高,对原有风洞进行降低背景噪声改进的成本也很高,如 Audi 汽车风洞、Pininfarina 汽车风洞、Hyundai 汽车风洞、Mazda 汽车风洞等。

在风洞中进行汽车气动噪声试验首先要考虑的问题是风洞背景噪声水平。主要的背景噪声来自风洞风扇,一般低噪声的风扇造价都比较高昂。如果所要测量的气动噪声都在高频范围内,那么也可以使用滤波方法过滤掉低频噪声,但测量低频段噪声(如空腔共鸣噪声)会比较困难。

测量车内气动噪声需要使用全尺寸低噪声风洞。将麦克风固定在驾驶室内,将试验段风速调节到 80km/h 或更高,采集时域数据再进行傅里叶变换,即可获得频域上的声压级分布。使用人工设备(Artificial Head Device)采集的信号还可进行主观评价。

道路试验一般用于汽车噪声的主观评价。进行气动噪声的道路试验需要注意的因素很多:因为道路试验很容易受到不确定环境风的影响,所以需要选择非常安静的天气条件下进行,比如黎明前;需要控制恒定的车速;使用具有静音迹线的轮胎或者光面轮胎来尽量减小轮胎噪声;试验路面需要干燥;发动机噪声需要通过滤波来去掉等。

另外,道路试验的试验对象通常是已经制造好的样车,这就意味着接近了新车型的设计和开发的最后阶段,一旦发现不足之处,能够进行的设计改进空间很小,改进效果有限,改动成本也非常高昂。

综上所述,汽车气动噪声的试验方法中,风洞试验占主导地位,道路试验可以为风洞试验提供补充。

3. 数值模拟方法

汽车外部气动噪声的数值模拟可以采用多种计算流体力学方法(CFD 方法),而车内气动噪声的数值模拟通常要将 CFD 方法与有限元法(Finite Element Method)、边界元法(Boundary Element Method)以及统计能量分析法(Statistic Engergy Analysis)相耦合。关于 CFD 方法将在第 9 章详述。

使用 CFD 方法模拟汽车气动噪声主要包括四种方式,即直接计算、声类比模拟、CFD 与专业声学代码耦合。

1)计算气动声学方法(Computational Aeroacoustics,CAA)

直接计算空气动力噪声的方法通常称为计算气动声学方法(CAA)或者直接噪声计算(Direct Noise Computation),即在对流场进行求解的过程中也对声压脉动进行充分的瞬态求解。声源与声音接收者都在计算域内,通过指定监测点所有的声学信息可以直接从 CFD 结果中提取。声压级可用下式表示：

$$SPL = 20 \times \lg\left(\frac{p'}{p_0}\right) \tag{6-5}$$

式中：p'——脉动压力；

$p_0 = 2 \times 10^{-5} \text{Pa}$——参考压力。

CAA方法的基本思想在于,在声源位置的流体流动和声音的传播都是流体现象,因此可以通过N-S方程描述,即求解瞬态的N-S方程便能够计算出声音的产生与传播。这种方法的优点在于不需要再引入额外的声学模型,只需要记录监测点的压力脉动信息;能考虑所有的物理影响,如反射、散射、共鸣等;能有助于更好的理解噪声产生与传播的机理。主要缺点在于通常只适合计算低频域范围的噪声;需要很致密的计算网格;进行瞬态求解的每个时间步长较短,导致求解总时间很长,对计算机硬件的要求也很高。

2) 声类比方法(Acoustic Analogy, AA)

声类比方法主要用于预测远场噪声,预测过程包括两个基本步骤。首先使用CFD准确模拟声源附近的瞬态流场,然后通过求解波动方程计算噪声从声源到接收者的传播。所谓"类比"指的是将复杂的流动过程用等效的声源代替,使用类比方法计算声音从声源到接收者的传播。声源假定在静止均匀的流场中,在接收者处的声场通过波动方程描述。声类比方法的主要优点在于瞬态流场的计算量小于CAA方法,计算域中可以不包含声音接收者,主要缺点是没有考虑流动对声音传播的影响。

3) CFD与声学求解器耦合

使用CFD计算源场,再将源场计算结果输入声学模拟软件(如SYSNOISE, ACTRAN)以及统计能量分析软件(如AutoSEA)来计算声音的传播与车内某些位置的响应。这种耦合方法可用于预测车内气动噪声,但目前大多限于简化车型研究。

将CFD软件与声学模拟软件耦合的一个前提条件是保证CFD计算结果的精确性。理想的情况是首先应用CFD方法对实车外流场进行瞬态求解,获得关键区域的压力脉动信息;建立研究对象的边界元(有限元)模型或者统计能量分析模型;将CFD方法获得的压力—频率数据输入声学模拟软件或者统计能量分析软件;经求解得到车内气动噪声。可见预测车内气动噪声过程有两个数值模拟的过程,其中对实车外流场的瞬态求解是较为困难的,但这又是与实车风洞试验或者道路试验的车内噪声数据对比的前提。

6.2.3 降低汽车气动噪声方法的尝试

想要降低车内的气动噪声,首先要提高密封性能,尽量避免直接的高速气流泄漏路径。另外,在车身各噪声源附近使用各种吸声隔声材料也是降低车内气动噪声的有效方法,但需要注意这些材料对整车总质量以及其他性能的影响。

从空气动力学角度出发,控制流动是降低气动噪声的主要思路。

1. 对于二维流动的干预

避免周期性二维分离流动可以降低天线、行李架的噪声,如图6-14所示,在收音机天线上缠绕螺线,可降低气动噪声。天窗前缘的导流板设计有助于降低天窗噪声,如图6-15所示。

图 6-14　缠绕螺线的收音机天线　　　　图 6-15　天窗前缘导流板(开槽设计)

2. 对于三维流动的干预

细节造型设计有助于降低后视镜区域的噪声。在一些轿车后视镜的设计上,采用了凹槽、凸缘用以影响后视镜尾流,如图 6-16 所示。

图 6-16　东风本田 CR－V 后视镜上的气流槽

练 习 题

1. 举例说明能减少车窗污染的常用零部件。
2. 减少货车驾驶室侧面污染常用的方法有哪些?
3. 汽车气动噪声声源分为哪几类,产生的原因以及主要出现在哪些位置,目前有哪些解决方案?
4. 为什么目前轿车 A 柱、后视镜和侧窗区域是气动噪声的主要来源?
5. 举例说明降低由二维分离流动产生的汽车气动噪声的措施。

第7章 汽车发动机冷却性能及驾驶室通风特性

内流阻力直接影响到汽车的气动阻力,内部的气流流动直接影响到驾驶室内的舒适性,在激烈的市场竞争中,对汽车的冷却性能和驾驶室的通风特性研究已经受到越来越多的关注。

7.1 发动机冷却系统分析

目前,汽车发动机冷却性能是工程人员研究的热点问题,发动机冷却系统的设计,直接关系到车身前端设计的最佳化,由于车身前端的主要部件就是发动机,因此,冷却系统的最佳化对降低气动阻力系数和升力系数都有很大的影响。从空气动力学角度出发,进行发动机冷却系统的研究,具有十分重要的意义。

发动机冷却系统包括散热器、冷却风扇和水泵,冷却系统用来保证发动机在工作时的温度不能超出设计的上限温度,从功能上来说,要求冷却系统造价低、质量轻、风扇能耗小、噪声低,气动阻力小,可靠性好。

事实上,汽车的造型和发动机的布置限制了冷却空气入口的截面以及散热器和冷却风扇的空间布置,由于冷却气流与散热器、冷却风扇和水泵的功率、尺寸、布置方式等密切相关,所以冷却系统的设计应该从进行相关的冷却气流的计算与试验开始。

7.1.1 发动机舱内的温度分布

在外界环境温度为30℃的情况下,汽车以60km/h车速在坡路上爬行30min后,发动机舱内的温度分布如图7-1所示,可以看出,发动机的调节阀和排气管等热源部位的温度比周围的温度要高很多,能达到100~110℃。

上述行驶之后,发动机保持怠速状态(发动机空转,散热器风扇转动)约20min后,发动机舱内温度分布如图7-2所示,在此状态下,发动机舱内的热源温度降低10℃左右,而发动机舱内的各处温度处于均衡状态。

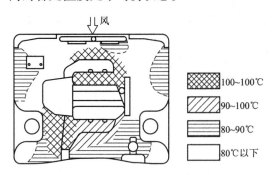

图7-1 发动机舱内的温度分布

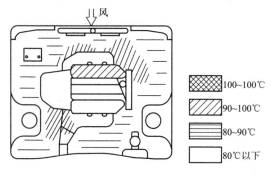

图7-2 发动机舱内的温度分布

发动机舱内的温度分布与通过格栅进入发动机的气流流态密切相关,气流的流动直接影响到发动机舱内的温度分布。

7.1.2 发动机冷却气流与空气动力特性的关系

在急速状态下,外界气流由散热格栅各个角度流入发动机舱,而在行驶状态下,气流更容易从保险杠下方流入发动机舱。流入发动机舱的气流一般由发动机舱的下方排出,有时也由上方排出。图7-3显示,冷却风迂回撞击发动机舱内零部件,使发动机受到力的作用,与地面平行的力成为内流阻力的一部分,与地面垂直的力成为升力的一部分,而且冷却风排出以后,与车身周围的气流相互干涉,也会产生阻力,这表明,冷却风会引起气动阻力的增加,而升力则不同,如果冷却气流从下方排出,升力增加,从上方排出时,升力减小。

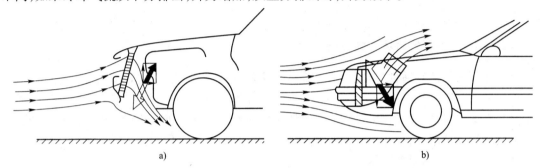

图7-3 发动机冷却风排出的流态模式

7.2 发动机冷却系统的设计原则

7.2.1 滞点位置对发动机冷却性能的影响

远前方来流撞击到车头前部,气流速度为0的点称为滞点。图7-4表明了不同车型的滞点的位置。图7-4a)中,发动机处在车身前部,图7-4b)、c)为格栅在车身前部,发动机处在驾驶室的下方,图7-4b)、c)是散热器格栅倾斜方向相反的两种设计。从图中可以看出,图7-4a)的滞点在散热格栅的下方,冷却气流从下部斜向上流入,格栅没有对气流的流动造成阻碍;图7-4b)模仿了轿车的设计,但由于滞点在格栅上方,气流向下流去,由于格栅向上倾斜,所以对冷却气流有很大的阻碍作用,使冷却气流不能顺畅流入;将图7-4b)所示方案改成图7-4c)所示方案,散热器格栅向下倾斜,能使冷却气流更顺畅地流入,冷却性能会有很大程度的提高。

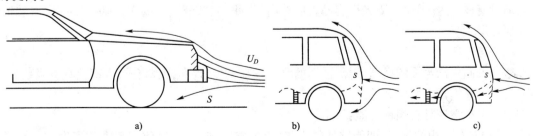

图7-4 车辆前部的流动(S为滞点)

7.2.2 发动机冷却性能的提高

对发动机冷却系统进行优化设计时,要充分注意到冷却气流流态在车辆行驶状态和怠速状态下有很大的不同;发动机冷却系统气流排出的状态与气动升力关系密切;应该充分注意滞点的位置,并以此为依据进行散热器格栅形状的优化设计。发动机冷却系统的气动阻力是车辆气动阻力的主要来源之一,降低发动机冷却系统的气动阻力,是降低车辆气动阻力的重要环节,为了降低发动机冷却系统的风阻系数,除了降低冷却系统各组成部分的风阻系数外,应该进行全系统的气动特性试验。

7.3 驾驶室的通风特性

7.3.1 对车室环境舒适性的评价

为了保证乘员的舒适性,车室内必须保证一定的温度、湿度以及空气的新鲜程度。对于舒适温度的范围,英国标准是冬季为 $19\sim21℃$,夏季为 $21\sim22℃$;日本标准是冬季为 $16\sim20℃$,湿度为 $55\%\sim70\%$,夏季为 $19\sim23℃$,湿度为 $60\%\sim75\%$。当温度一定的时候,降低湿度会使皮肤表面的汗加速增发,人会感到凉爽,因此对湿度也有要求。舒适的温度分布,应该是头凉足热,脚下左右部位的温差要尽量小。

增大车内的风速,会使人感觉凉爽。人在 $1m/s$ 的风速下,会感觉温度下降 $1℃$。当环境温度低于皮肤的温度时,如果增加车内温度,则同时要增加气流速度,这样才能使人有舒适感。虽然风可以增加人的舒适感,但并不希望过大的风速,因为它会使人体局部过渡散热,而感到难受,最好使大风量的气流流遍全身,并尽量降低风速。不要让风直接吹头部、喉部和眼部,头部气流应比脚步气流低 $7℃$。

人体吸入的氧气有 80% 转变为二氧化碳排出,如果车室内换气不良,会使二氧化碳浓度上升,二氧化碳的容许浓度极限为 0.5%(体积分数),但希望它经常保持在 0.1% 以下,因此,每个乘员要有 $0.3\sim0.5m^3/min$ 的换气量。而吸烟时,二氧化碳的含量还要增加,换气量应比不吸烟时还要增加 20%。人呼吸时,会排出大量的水蒸气,换气也可以防止湿度不断上升。

7.3.2 保证车室环境舒适性的措施

1. 隔热层

汽车车内的热源主要是发动机,为了防止发动机的热辐射和传递,驾驶室应该有较好的隔热层,以减少传递到驾驶室内的热量。夏季的阳光会使车顶和车壁发烫导致车室内温度升高,如果前风窗玻璃过于倾斜,阳光也容易直射车内,为此,大部分汽车的车顶和车壁都装有装饰层和隔热层。

2. 空调系统

随着人们生活水平的提高,对舒适性的要求越来越多,现在,大部分车内都装有空调系统,使乘员能够根据需要选择合适的温度范围。

现代汽车空调具有四种功能:

(1)控制车室内的气温,即能够加热空气,也能够冷却空气,以使车室内的温度控制在舒适的水平。

(2)空调能够排出空气中的湿气,干燥的空气吸收人体的汗液,使环境更舒适。

(3)吸入新鲜的空气,具有通风的功能。

(4)可以过滤空气,排除空气中的灰尘和花粉等。

汽车的加热、通风和空调试验通常要在气候风洞进行,以便能模拟温度、湿度和日照条件。一般的通风试验可以在普通风洞进行,这种试验通常都用实车来进行,因为模型很难模拟汽车的真实结构。在各种典型的车速下,可以测定汽车的进气量和出气量,以便了解车内的换气情况,此外,还可以测定车内各处的风速和风向,有了这些数据,就可以绘制车内的风路图(图7-5)。

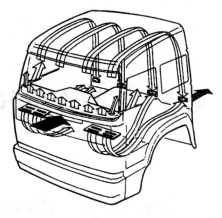

图7-5 货车驾驶室内风路图

练 习 题

1.研究汽车发动机冷却性能的原因是什么,冷却系统由哪几部分组成,功能上的要求是什么?

2.冷却气流入口、出口的布置对冷却性能有何影响,与汽车的空气动力特性的关系是什么?

3.滞点的位置对发动机的冷却性能有怎样的影响?

4.提高发动机的冷却性能需要考虑的因素有哪些?

5.对车室环境舒适性的评价标准是什么?

6.保证车室环境舒适性措施有哪些,现代汽车空调具有哪些功能?

第8章 汽车空气动力学试验

8.1 概 述

汽车空气动力学是一门经验科学,大量的汽车空气动力学方面的重要结论来自于试验数据的分析和推理。以流体力学理论和试验方法为指导的航空空气动力学和船舶空气动力学给汽车空气动力学提供了很多的经验和启示,但由于复杂外形的分离现象,导致汽车周围流场与飞行器周围的流场有很大的不同,汽车在地面上行驶,周围的流场受到地面的影响,气动力、牵引力、轮胎与路面的摩擦力、惯性力等同时从外部作用于汽车上,所以要同时考虑汽车所受到的机械力和气动力。风洞试验是汽车空气动力学这一学科的重要研究手段,国外各大汽车制造公司和研究机构均不惜耗费巨资建设汽车风洞,以其作为开发高性能汽车的重要手段,汽车流场与汽车性能的关系如图8-1所示。

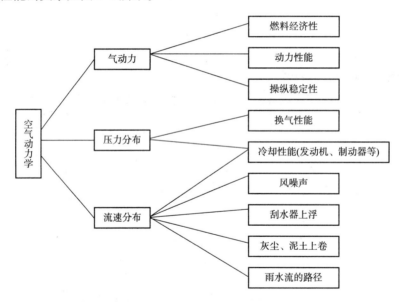

图8-1 汽车流场与汽车性能的关系

8.1.1 汽车风洞试验的重要作用

(1)通过风洞试验,揭示汽车周围复杂流场的流动本质。在汽车设计的初始阶段,为了选择最佳的气动外形,必须进行比例模型试验和全尺寸模型的风洞试验;在样车定型前要进行大量的实车气动力试验,提供空气动力特性数据,作为汽车设计的依据。

(2)验证汽车空气动力学理论和计算结果。在理论分析和计算中,一般都要对研究对象进行必要的简化,然后建立方程并求解,最后得出结论。理论分析和计算所得到的结果,要通过试验来进行验证。

8.1.2 汽车空气动力学开发程序

近年来,随着经济的发展,汽车的保有量越来越大,各个汽车公司都加快推出自己的新车型以占有市场,每个新车型的开发都要经历大量的空气动力学研究。

图 8-2 所示为某款新车型的开发程序,在整个开发过程中,先后进行了 4 个步骤的风洞试验:

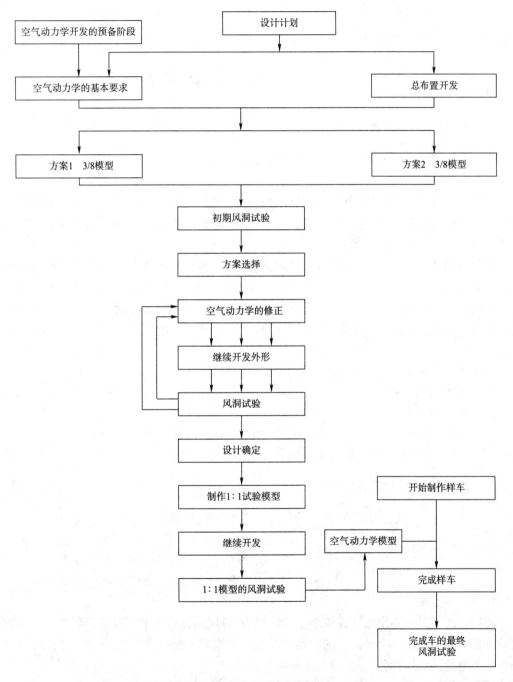

图 8-2 汽车空气动力学开发程序

(1)在初期造型工作完成后,要将几个缩比模型方案同时进行风洞试验,从中选择出一个最佳的方案。

（2）将选定的模型方案进行空气动力学修正,然后反复进行风洞试验,直至定型。

（3）将定型的缩比模型制成1:1模型进行风洞试验,同时要添加刮水器、后视镜以及天线等外露附件。

（4）最后进行完成车的整车风洞试验,除了常规的空气动力性能试验外还要进行气候变化试验。

由上可见,空气动力学研究贯穿于整个新车设计的始终,为了设计最佳的气动外形,要不惜耗费巨资进行多次风洞试验。

8.2 汽车空气动力学试验的基本方法

8.2.1 试验的基本方法

汽车空气动力学试验主要包括以下几种方法。

1. 模型风洞试验

用汽车的比例模型在风洞中进行试验,模型的比例一般选择3/8、1/4、1/5、1/10以及全尺寸的模型。风洞试验时,模型一般不动,使气流流经模型,只要满足必要的相似条件,与实车在静止的空气中运行具有相同的物理规律。

模型风洞试验的优点是测量方便,诸如速度、压强等气流参数容易控制,不受气候条件变化的影响,试验的可比性较好。缺点是试验的流场一般不能与实车运行的流场完全相似,特别是汽车的内流差异;阻塞效应和洞壁及支架对模型产生的干扰;车轮转与不转的差异;汽车离地间隙的影响等。这些都是获取准确风洞试验数据应该注意的问题,所以试验数据一般都要进行修正。

2. 实车风洞试验

用实车在风洞中进行试验。

3. 实车道路试验

用实车在试车场进行试验,包括实车气动阻力测量、流态显示、气动噪声测试、实车驾驶室内空调等,还有用侧风发生器进行侧风稳定性试验等。

8.2.2 风洞试验的测量方法

图 8-3 汽车风洞试验方法

汽车风洞试验主要有定性试验和定量试验两种,如图8-3所示。定性和定量分析相结合,是汽车空气动力学研究的有效方法。

风洞试验主要有以下几种测量方法。

1. 天平测力法

使用气动力天平测出作用在模型上的气动力,是风洞试验中最主要最常用的方法,即测量空间直角坐标系中沿三个坐标轴的作用力和绕三个坐标轴的作用力矩。试验时,可以对六个分量全部测量,也可以测量一个或几个分量。

1）最小阻力试验

以轴距为特征长度改变雷诺数,使风速在几米每秒到几十米每秒变化,测量出最小阻力系数随着雷诺数的变化,如图8-4所示。

2)六分力试验

把汽车或模型由天平支撑,测量出三个坐标轴的力和力矩。

2. 表面压力测量

测量出模型表面的压力分布,研究汽车周围的绕流状态,如图8-5所示。

3. 流态显示试验

流态显示试验是汽车空气动力学研究的主要方法之一,属于定性试验,对汽车造型分析有很大的帮助,主要包括油膜法、丝带法和烟流法等。

4. 流场测量方法

流场测量方法用于测量风洞内流场气流参数,一是风洞试验中测量流速、流向、压强、紊流度、温度等参数;二是校测风洞流场,即测量空风洞(无模型)时,试验段各处的气流参数,以判断流场是否符合要求;三是测量模型绕流流场中气流参数的分布状况等。

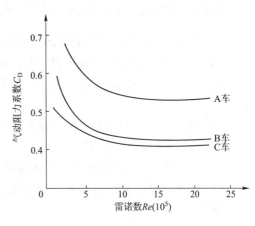

图8-4 最小阻力系数随雷诺数的变化

图8-5 表面压力测量

5. 专项风洞试验

在汽车风洞中进行汽车性能试验,主要包括:

(1)用风洞的发烟器发烟,根据烟流的流入量测定冷却风量。

(2)进行发动机冷却系统空气动力特性试验。

(3)进行刮水器上浮试验。

(4)风噪声试验。

(5)进行驾驶室通风换气试验。

(6)空调试验。进行驾驶室内的温度、湿度等调节的试验。

(7)环境试验。在风洞中再现风、气温、湿度、日光照射、雨、雪等自然条件,为开发在自然环境下的高性能汽车提供依据。

(8)其他试验。

①热害试验:对被汽车发动机等热源导热的零部件进行试验。

②气密试验:进行驾驶室除通风换气外的内部空气的泄出试验。

③车窗玻璃振动试验。

④车身外板的振动试验。

8.2.3 汽车空气动力学试验的工作内容

(1)明确试验目的,并论证试验的理论根据。
(2)确定试验中哪些参数必须模拟,哪些参数可以不模拟。
(3)确定试验的原始变量、应该测量的参数、测量的精度要求以及测量的重复次数,预测试验结果的量级。
(4)确定在不同的试验条件下应该采集的数据点,要求数据点有足够的数量,并且密度分布适当,同时还要尽可能少些。
(5)确定进行修正的试验数据,明确修正的原理和修正方法。
(6)正确选择试验仪器设备,并根据试验需要研制专用的试验仪器,校准并确定仪器设备的基本性能。
(7)设计试验用的汽车模型,提出制造、检验和安装试验模型的技术要求。
(8)制订试验大纲和试验计划。
(9)处理试验中出现的技术问题,保证试验质量。
(10)试验前后,分析各种不安全因素,并采取必要的安全措施。
(11)对试验数据进行修正和处理,进而对试验结果进行分析和总结,撰写试验报告。

8.3 汽车风洞

汽车风洞是进行汽车空气动力学研究的主要设备,风洞本体是由按照一定要求设计的管道构成,借助于动力装置在管道中产生可以调节的气流,使风洞试验段产生能够模拟或基本模拟大气流场的状态,以供各种空气动力试验用,汽车风洞属于低速风洞。

8.3.1 低速风洞的主要结构

下面以常见的闭口回流式风洞为例,介绍低速风洞的主要结构(图8-6)。

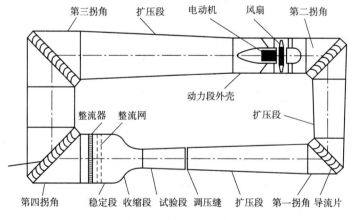

图 8-6 回流式风洞结构

1. 试验段

试验段是风洞中模拟实车运行流场,进行空气动力学试验的部分,是整个风洞的核心。试验段的几何尺寸和气流速度应该具有一定的大小,以保证试验雷诺数达到一定的数值,来模拟实车流场。此外,试验段的气流要稳定,速度大小和方向在空间分布均匀,紊流度低,静压梯度及噪声低等。国内外规定了具体的流场品质指标,应该予以满足。

试验段的横截面积的形状有长方形、正方形、圆形、椭圆形和八角形,目前风洞采用长方形带切角者居多。闭口试验段的长度一般是横截面积当量直径的 1.5~2.5 倍,开口试验段一般是 1~1.5 倍。一般情况下,闭口试验段沿着轴向方向有扩散角,或者沿着轴向逐渐减小各个截面的四个切角所切除的面积,使横截面积沿着轴向逐渐扩大,以减小由于壁面边界层沿轴向增厚而产生的负静压梯度,使之符合流场品质的要求。

在开口试验段中,安装模型和进行试验都比较方便,但开口试验段的能量损失比闭口试验段大,流场品质也比闭口试验段差,大多数低速风洞采用闭口试验段。

2. 调压缝

闭口试验段后方,一般都有调压缝,作用是向风洞内补充空气,以保证试验段的压强与风洞外环境的大气压强基本相等。由于闭口回流式风洞中,整个回流道的压强均高于风洞外环境的大气压强,而洞体不可能绝对密封,所以会有一部分空气从洞内泄漏出去。为了防止风洞内试验段的压强降到环境大气压强以下,要求在模型支架穿过洞壁处必须有密封装置,否则外界气体被吸入试验段,破坏试验段气流的均匀性。有了调压缝,气流在此处的静压强与环境大气压强相等,试验段的静压强也就与环境大气压强基本相等了,从而使试验段洞壁的密封装置得以简化。

3. 扩压段

低速风洞的扩压段是沿着气流方向扩张的管道,又称为扩散段,主要作用在于使气流减速,使动能转变为压力能,以减少风洞中气流的能量损失,降低风洞工作所需要的功率。

4. 拐角与导流片

回流式风洞中,气流要转折 360°,如果用平缓弯曲的管道,使气流逐渐转折,可以使气流的能量损失小一些,然而,这是不实际的。这样一来,风洞占据的空间大,建设投资也大。回流式风洞通常有四个使气流折转 90°的拐角,来自试验段的气流依次通过这四个拐角,共折转 360°,气流能量在四个拐角的损失占整个风洞能量损失的 30%~50%,其中尤以第一和第二拐角的损失最大。风洞的拐角处一般都装有导流片,以减小旋涡。

5. 稳定段

稳定段是一段横截面积相同的管道,特点是横截面积大,气流速度低,并且具有一定的长度,一般都装有整流装置,如整流器和整流网。风洞中配置设计良好的稳定段、整流网,可以使气流的紊流度、流动方向和速度分布均匀度都得到明显的改善。

6. 收缩段

收缩段是一条圆滑过渡的收缩曲线型管道,在低速风洞中位于稳定段和试验段之间,收缩段的主要作用是使来自稳定段的气流均匀加速,并有助于试验段的流场品质得到改善。若收缩段的进口截面积为 S_1,出口截面积为 S_0,则 $k = S_1 / S_0$ 称为收缩比。

7. 动力段

低速风洞的动力段,一般由以下部分组成:动力段外壳,风扇,驱动风扇的电动机,整流罩,导向片或预扭片(位于风扇之前,整流罩与外壳之间),止旋片或反扭片(位于风扇之后,整流罩与外壳之间)。

动力段的作用是向风洞内的气流补充能量,以保证气流以一定的速度运转。气流在风洞管道内流动时,由于分离以及摩擦等原因,气流的能量是有损失的,气流每循环一周,都有一定的压强降低,必须不断地补充能量,风洞内的气流才有可能稳定运转。动力段的风扇将电动机输出的机械能转变为气流的压力能,也不可避免地增加了气流的旋转动能,导向片和预扭片用来改善风洞的工作状态,提高风扇的效率。止旋片和反扭片可以将风扇后气流的旋转动能转变为气流的压力能,整流罩可以改善通过风扇的气流。

8.3.2 低速风洞的分类

目前,世界上的汽车试验风洞多种多样,如果按照试验段气流循环方式来分,可以分为回流式风洞和直流式风洞两种,如图8-7和图8-8所示。

回流式风洞的特点是:通过试验段的气流能够再返回试验段,能够回收气流的能量,电动机功率小,并能保持恒定的空气温度和湿度,缺点是结构复杂,设备庞大,建造成本高。直流式风洞的特点是:把通过试验段的气流排出在风洞外部,这种风洞设备简单,成本低,缺点是电动机功率大,空气温度难以保持恒定,流场品质容易受外界干扰。直流式风洞又分为吸入式和吹出式两种,前者的鼓风机设置在试验段下游的风洞中,后者的鼓风机设置在试验段上游的风洞中。

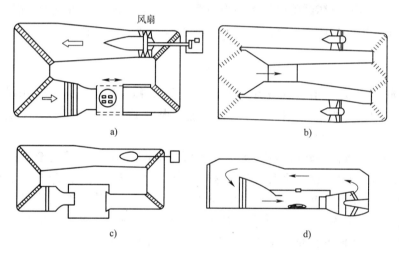

图8-7 回流式风洞

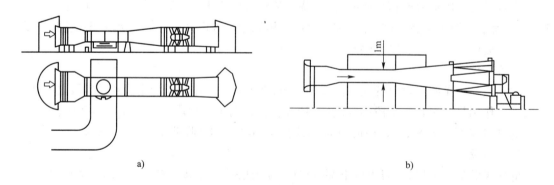

图8-8 直流式风洞

如果按照试验段的形式,可分为开式风洞、闭式风洞和半开半闭式三种,如图8-9所示。

此外,风洞还可以按照试验段的尺寸来分类,包括试验段尺寸为几十毫米的微型低速风洞,试验段尺寸为1~1.5m的小型低速风洞,试验段尺寸为2~4m的中型低速风洞和试验段尺寸为8m以上的大型低速风洞。

世界上的汽车风洞按照试验段的截面积 S 和最大风速 v_{max} 分为三组：
A 组：$S = 1.5 \sim 6m^2$，$v_{max} = 20 \sim 70m/s$，主要用于汽车模型的气动力试验。
B 组：$S = 10 \sim 22m^2$，$v_{max} = 33 \sim 57m/s$，主要用于小型车实车空气动力试验。
C 组：$S = 30 \sim 38m^2$，$v_{max} = 23 \sim 75m/s$，主要用于实车空气动力试验及综合风洞。

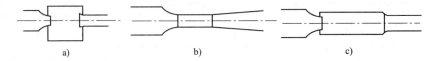

图 8-9　风洞试验段形式

8.3.3　世界典型汽车风洞

世界上各大汽车公司和研究机构均花费巨资建设自己的风洞，图 8-10 和图 8-11 所示为两个典型的汽车风洞，表 8-1 为世界上主要汽车风洞的参数。

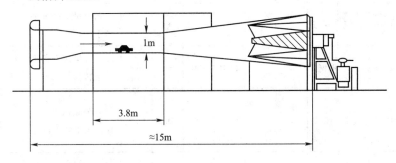

图 8-10　英国的 MIRA 模型风洞

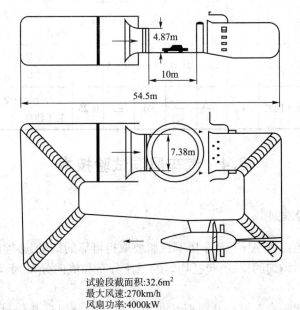

图 8-11　德国奔驰公司的实车风洞

世界主要汽车风洞参数　　　　表 8-1

厂家（国别）	启用年份	风洞类别-回路	风洞类别-试验段	鼓风机数量（台）	收缩比	试验段面积（m²）	最大风速（km/h）	风速均匀性	紊流度	气动力测量（测力）-天平特性	气动力测量（测力）-轮尺寸（mm）
米拉（英国）	1960	直流	闭式	4	1.5	34.9	140	±2	0.8	六分量应变天平装于转盘	245×245（无支架阻力修正）
大众（德国）	1967	回流	开式	1	4	37.5	180	±1.2	0.6	六分量电子—机械式天平装于转盘	500×360（支架阻力升力修正）
戴姆勒—奔驰（德国）	1976	回流	开式	1	3.5	32.6	270	±1	0.2	六分量电子—机械式天平装于转盘	直径200（无支架阻力修正）
菲亚特（CRF）（意大利）	1976	回流	开式	1	4	30.0	200	±1	0.1	六分量电子—机械式天平装于转盘	直径35（无支架阻力修正）
平尼法里纳（意大利）	1972	回流	半开式	1	7	11.8	150	±0.5	0.3	六分量电子—机械式天平装于转盘	700×200
st.Cyr（法国）	1976	回流	槽壁式	2	5	15.0	±144	±1	±1	六分量应变天平装于转盘	—
宝马（德国）	1981	回流	槽壁式	2	—	20.0	180			六分量应变天平装于转盘	
罗克西德—左治亚（美国）	1963	回流	闭式	1	7	35.1	400	±0.25	0.4	六分量电子—机械式天平装于转盘	597×381（支架阻力升力修正）
通用（美国）	1980	回流	闭式	1	5	56.1	240	—		六分量电子—机械式天平装于转盘	—
NRC（加拿大）	1970	回流	闭式	1	6	83.6	200	±1	1.0	六分量电子—机械式天平装于转盘	890×432（支架阻力升力修正）
日产（日本）	1968	直流	闭式	1	2.9	21.0	115	±1.5	—	六分量应变天平装于转盘	
JARI（日本）	1976	直流	闭式	1	—	—	205	±1	0.25	六分量应变天平装于转盘	—

8.4 汽车风洞试验技术

8.4.1 风洞试验准则

根据空气动力学的相似理论,汽车风洞试验要取得可靠的结果,必须满足以下原则:

(1)风洞要有足够均匀的流场,包括均匀的风速分布和流向分布,低紊流度以及模拟路面小的边界层厚度。

(2)试验模型与实际汽车模型几何形状相似。模型应该保证几何尺寸精度,比例模型应该有足够精细的细部模拟,以保证各个重要局部流场的真实模拟。

（3）雷诺数相似。

雷诺数的数学表达式为：

$$Re = \frac{\rho v L}{\mu} \tag{8-1}$$

式中：ρ——流体的密度；

μ——流体的黏性；

L——特征长度；

v——流体的速度。

雷诺数是表征流体黏性对其流动影响的无量纲的参数，它主要影响模型表面的边界层状态，即影响边界层的层流、紊流、转捩点以及分离点的位置，从而影响模型的最小气动阻力系数以及最大升力系数，因此，要求试验时的雷诺数尽量接近实车行驶时的雷诺数。

在比例模型试验情况下，采用提高风速的办法来满足对试验雷诺数的要求，即模型尺寸比实车缩小多少倍，应该使试验风速增大多少倍。但是，风速的提高受到压缩性的限制，而且，风速越高，气流的能量损失迅速增大，消耗的功率也增大，所以一般的试验风洞很难做到试验时的雷诺数与实车行驶时的雷诺数相等，只需要保证试验时的雷诺数进入自模区就可以。当 Re 超过某一数值后，气动特性不再随着 Re 的变化而变化，通常称此雷诺数为临界雷诺数，当雷诺数大于临界雷诺数，则 Re 进入自模区。利用现象的自模性可以明显简化风洞试验条件，没有必要花十分昂贵的代价使模型试验的 Re 与实际雷诺数相同。但各种气动力现象进入自模区的临界准则一般是各不相同的，应当通过试验来确定。

尽量排除风洞洞壁以及支架的干扰。为了限制洞壁的干扰，一般汽车模型在其横摆角为 0°时的正投影面积不超过试验段横截面积的 5%，高度不超过试验段高度的 30%，汽车模型在其位于最大横摆角时的正投影宽度不超过试验段宽度的 30%，正投影面积不超过试验段截面积的 5%。

8.4.2 汽车风洞试验规范

1. 风洞流场的动态校测

试验模型被安装到风洞之前，应该在将要安装模型位置的地板上测量一系列的流场特性，包括试验段横截面的紊流度、地板上的静压、轴向静压梯度、横向气流偏角、纵向气流偏角及气流均匀性等流场特性，此外还要测量在放置模型前缘的地板边界层厚度。

2. 力、力矩和表面压力测量的要求

风洞试验主要是测量汽车的气动六分力，力和力矩应简化成系数的形式。气动力和压力测量时采样时间应足够长，以便获得可靠的测量结果，数据的重复性应在 1% 以内。

3. 横摆角的模拟

风洞试验时，借助于模型相对于气流的横摆角近似地模拟环境风，横摆角范围至少在 -5°~+20°，横摆角变化的增量应在 3°~5°范围内，最大不应该超过 5°，每次试验开始时都应进行 0°横摆角试验。

4. 雷诺数的测量

在测量气动力和力矩时，应进行雷诺数的测量。雷诺数测量要在 0°横摆角情况下进行，并且至少应有一个气流速度超过风洞气流速度范围，为了避免可压缩效应，最大试验风速不应超过 92m/s。

5. 发动机冷却系数效应

发动机冷却系统的阻力效应由零速率和最大速率的对比试验获得。零气流被定义为模型的发动机进气口被堵死,最大气流为除去散热器前所有阻流装置,此项试验必须在全部横摆角范围内做,如果修改模型,发动机冷却系统的阻力效应还应该再进行测量。

6. 风洞试验数据修正

风洞试验测量的阻力系数修正量如果超过 1%,则应绘制轴向的压力梯度图。对于模型的固体阻塞和尾流阻塞的修正,可根据情况选择不同的方法。

对洞壁干扰,常用以下几种方法。

(1) 面积比法。设 A 为模型的正投影面积,S 为风洞试验段的面积,定义修正系数为:

$$n = \frac{1}{(1-\frac{A}{S})2} \tag{8-2}$$

则洞壁干扰修正后的阻力系数为:

$$C_{D1} = \frac{C_D}{n} \tag{8-3}$$

式中:C_{D1}——修正后的阻力系数;

C_D——修正前的阻力系数。

(2) Maskells 修正式。定义修正系数为:

$$n = \frac{1}{1-\frac{B}{S}} = \frac{1}{1-m(\frac{A}{S})} \tag{8-4}$$

式中:$m = \frac{B}{A}$;

B——模型的宽度。

则修正后的气动阻力系数为:

$$C_{D1} = \frac{C_D}{n} \tag{8-5}$$

(3) 压力标定法。

$$C_{D1} = \frac{C_D - C_{Di}}{(1+\varepsilon_m)^2} \tag{8-6}$$

式中:C_{Di}——升力的水平分力系数;

$\varepsilon_m = \Delta v / v_\infty$。

(4) Bettes/Kelly 的修正式:

$$C_{D1} = C_D - (\frac{dC_D}{dB_r})B_r - (\frac{dC_D}{dH_r})H_r \tag{8-7}$$

式中:$B_r = B_1/B_0$;

B_1——试验车的总宽度;

B_0——风洞试验段的宽度;

$H_r = H_1/H_0$;

H_1——试验车的总高度;

H_0——风洞顶壁高。

7. 数据说明

试验结束后,应对风洞试验设备、地面效应模拟、模型几何尺寸及测试结果等进行数据说明,至少包含以下数据:

(1)试验设备(风洞)的主要尺寸。

(2)地板的位置和尺寸。

(3)模型在地板上的位置。

(4)模型尺寸及正投影面积。

(5)试验车造型照片、外形图及造型的描述。

(6)模型在地板上的安装尺寸及照片。

(7)发动机冷却系统的描述、试验数据及照片。

(8)雷诺数试验结果。

(9)横摆角变化数据。

(10)流场标定数据。

(11)数据修正结果。

所有试验数据应以表格的形式给出,必要时用图形表示。

下面是对地面效应模拟的介绍。

汽车风洞试验的目的在于得到准确的反应汽车行驶状态的气动数据,这就要求对于任何给定几何形状的比例模型,都能确定一组气动特性数据,并且找出这些数据与相对应的道路试验数据之间的关系。试验数据的准确度取决于风洞流场的动力相似及试验模型的几何相似。

在大气中没有自然风的情况下,汽车在路面上行驶,受到与行驶速度相同的风的作用,与此同时,路面以相同的速度向后方运动。在风洞中,汽车不动,风以汽车行驶速度相同的速度作用在汽车上,在地板上形成了一个边界层。边界层的存在对测量的气动阻力和生理都会产生影响,特别是对升力的影响更大。当边界层厚度 δ^* 与试验模型的最小离地间隙 e 的比值 $\delta^*/e>10\%$ 时,测量的阻力减小而升力增大,并且改变了纵倾力矩的值。所以要求 $\delta^*/e\leqslant 8.5\%$。

汽车空气动力特性与车身底部的速度分布密切相关,地面效应模拟的核心就是尽可能真实的再现汽车车身底部的速度分布,为此,要有一个均匀的近地面流场。地板上的边界层要尽可能的消除,要精心设计地面边界层控制装置。目前,地面效应模拟主要有以下 3 种方法:

(1)固定地板法。如图 8-12 所示,把模型抬高,消除边界层的影响。

(2)边界层吸除(吹除)法。在风洞地板上设置控制装置,能够吹风或者吸风,来消除边界层的影响,如图 8-13 所示。

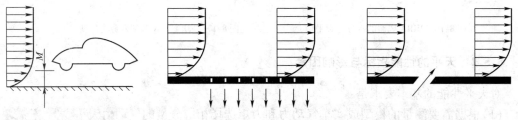

图 8-12　固定地板法　　　　　　图 8-13　边界层吸除(吹除)法

(3)传动带法。在车身下部设置传动带,避免边界层的产生,在皮带前端和后端设置边界层控制装置(图 8-14)。吉林大学汽车风洞从美国引进了地面效应模拟系统(图 8-15),消除了边界层的影响。

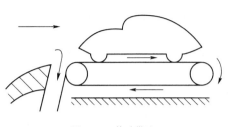

图 8-14 传动带法　　　　　　　　图 8-15 地面效应模拟系统

8.5 风洞试验测量仪器

8.5.1 气动力天平

气动力天平是在风洞中用来测量作用在模型上的气动力和力矩的测量装置,根据天平测量分量的多少,可以分为单分量天平、三分量天平和六分量天平。气动力天平主要有两类,即机械式天平和电阻应变式天平,此外,还有一种新式的磁悬式天平。图 8-16 和图 8-17 分别给出了这两种典型天平的实例。

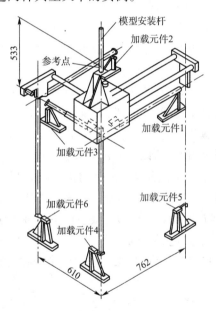
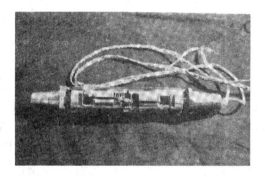

图 8-16 MIRA 风洞的六分力天平　　　　图 8-17 FD-09 风洞的六分力应变天平

8.5.2 天平的性能指标与影响因素

对天平性能的基本要求是:
(1) 根据需要测量的模型或实车气动力和力矩选择相应分量的气动力天平。
(2) 根据实际需要,选择合适的量程。
(3) 天平要有良好的线性关系,即气动力或力矩的读数随外载荷的变化关系呈线性或接近线性关系。
(4) 选择受外界干扰小的气动力天平。干扰的大小通常用干扰系数来表示,它表示天平某测量元件的读数受其他分量影响的程度,干扰系数在天平使用方程中是载荷与读数之间的比例系数。干扰系数与天平结构有关。

(5)选用灵敏度高又具有足够强度和刚度的天平。气动力天平的灵敏度指某测量分量单位载荷下读数的变化量,一般用天平的静态校准加载曲线的导数来表示。线性关系不好的气动力天平,其灵敏度将随外载荷的变化而变化。一般气动力天平的各测量分量的灵敏度是不同的,其灵敏度应该单独表示。

(6)选择精确度和准确度较高的气动力天平。气动力天平某分量精校的精密度通常用特定载荷下多次重复加载得到的标准偏差来表示,静态校准的准确度用综合加载情况下使用天平静校公式计算的载荷值与所加砝码的载荷值之差来表示。

气动力天平在安装完成后,应该仔细地调整和校准,以减轻干扰和保证足够的灵敏度。气动力天平的校准分为静态校准和动态校准两种。静态校准的主要目的是:求得空气动力与测量元件输出量之间的关系以及确定天平的线性特性、干扰系数、重复性及灵敏度等。动态校准是将标准模型安装在静态校准合格的天平上进行风洞试验,检验天平的动态特性,并通过与已知数据的对比,对包括精密度、准确度在内的一系列性能进行鉴定。

8.5.3 压强测量

压强测量仪器主要是压强计、测压传感器及压强传导装置。常用的压强计是液柱式压强计,有U形管压强计、单管压强计、斜管微压计及多管压强计多种。这些压强计多数是以已知的参考压强作为比较对象进行测量的,参考压强多数为大气压强。由压强计测得的表压强应该换算为绝对压强,才能作为气流状态参数。由于液柱式压强计不便于自动记录和控制,而且体积大反应慢,容易受到环境温度变化的影响,目前的应用逐渐减少。测压传感器主要有应变式、压阻式、电容式及压电式等。压强传递装置主要由压强传递导管和压强扫描阀组成。压强传递导管用于把压强感受孔与压强计或者测压传感器连通起来,压强扫描阀主要用于多点压强测量,测量时,把一个或数个测压管接头与一个已知的参考压强连通,以得到测压传感器因温度变化而引起的漂移量。

1. 车身表面静压测量

通常在模型表面上沿着法线方向开小孔,测量局部静压,如图8-18所示。为了提高测量的准确度,应该保证测压孔直径d在$0.5 \sim 2\text{mm}$,$h/d > 2$,测压孔的轴线应该与壁面垂直,孔的内壁要光滑,孔口无刺或倒角,孔口表面无凹坑或凸起,顺着流动方向该点处的压强梯度不应很大。

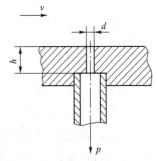

图8-18 壁面静压测量

2. 气流静压测量

在流场中某一点放置静压管以测量流畅中该点处的静压,图8-19所示为一典型的静压管,其前端封闭且呈半球形,在其前端与后支杆之间的管壁上开有4~8个孔,以测量气流在该点处的静压强。如果将数根静压管安装在同一支架上,组成梳状静压排管,可以测量多点静压。由于静压管做多点测量时影响测量准确度的因素较多,在使用前,必须对每根静压管进行校准。

3. 气流总压测量

在六场中某一点处放置总压管(皮托管),就可以测量出气流在该点处的总压强。图8-20所示为最简单的总压管,其一端开口正对着气流方向,另一开口端垂直于气流方向,并用导管与压强计连通。气流进入孔口后,由于不能再流动而被阻滞,就可以测出管口处的总压强。为同时测量流场中多点的总压,可用类似多点静压测量的方法,把数根总压管安装在同一个支架上进行测量。

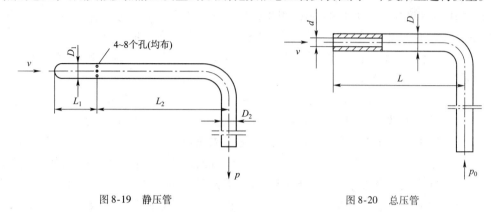

图 8-19　静压管　　　　　　　　　　图 8-20　总压管

8.5.4　温度测量

由于雷诺数和空气密度随温度变化的幅度比较大,所以要记录每次风洞试验的温度。测量温度比较简单,把温度计放在对气流没有扰动的地方,就可以准确地进行测量。

8.5.5　气流速度、方向与湍流度

测量气流速度的方法有以下几种。

1. 用风速管测量风速

图 8-21 所示为一标准的风速管,它是由总压强管和静压强管组合在一起而构成的。

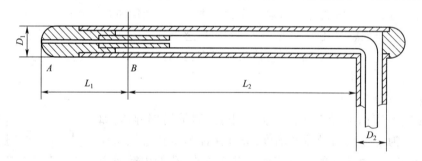

图 8-21　风速管

2. 用压强落差法测量风洞试验段的风速

在风洞稳定段整流网的下游和试验段的入口的洞壁上开设静压孔,测量出两处的静压 p_1 和 p_2,然后根据式(8-6)求出试验段的风速,一般开口试验段的风速用压强落差法求出,即

$$v = \sqrt{\frac{2}{\rho}(p_1 - p_2)} \tag{8-8}$$

3. 用热线风速仪测量风速

这主要用于风洞边界层内以及模型周围流场速度测量,用于对精度要求较高的场合。

测量气流速度的方向通常用五孔探头和恒温式热线风速仪(图 8-22)来测量。图 8-23 为五孔探头的结构,探头的头部为半球形,在上面开有五个测压孔。上下两个测压孔 1 和 3 用于测量气流在垂直平面内的方向,与探头轴线之间的夹角为 α,左右两个测压孔 4 和 5 用于测量

气流在水平面内的方向,与探头轴线的夹角为 β,将五孔探头放置于流场中某点,即可测量出该点处的气流方向,主要用于测量 $\pm 40°$ 以内的气流偏角。

利用热线风速仪测量气流方向的原理是:利用热线在气流中散热时的方向特性确定气流的方向。图 8-24 为一单热线探头,将其安装在可转动的支座上,支座转动,热线探头随之转动,便改变了热线与气流之间的夹角。当热线风速仪输出电压达到最大时,热线正好与气流方向垂直,由此便可以确定气流的方向。在二维流场中,可以用两根互相垂直间距很小的热线构成 X 形探头来测量气流的方向,在三维流场中,可以用三根互相垂直的热线构成三线探头来测量气流的方向。

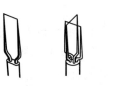

图 8-22 热线风速仪

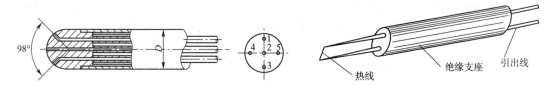

图 8-23 五孔探头　　　　图 8-24 单热线探头的安装结构

在进行风洞试验时,由于扩散段中气流的局部分离、洞壁的摩擦、风洞各部位的机械振动以及动力段中止旋片和拐角导流片的尾流等因素的影响,尽管蜂窝器和整流网在整流,但仍存在这许多不同尺度的旋涡。而紊流度对模型空气动力有很大的影响,这就导致了雷诺数相同的不同风洞内的试验结果的差异,以及风洞试验与实车道路试验结果的差异。另外,紊流度的大小还影响边界层的类型、转捩点和分离点的位置等。紊流度的测量主要有三种方法,即用紊流球测量、用压力球测量和用热线风速仪测量。

8.5.6　试验段的流场品质校测

1. 试验段速度变化

风洞试验段的气流速度通常用皮托管测量截面动压,然后根据下面公式求出当地的气流速度。

$$v = \sqrt{2q/\rho} \tag{8-9}$$

把皮托管置于风洞试验段的各处,进行速度及动压测量,绘制出动压图及速度分布图,并用等值线把这些测点连接起来。在试验段工作区域内,动压 q 相对于其平均值的变化应小于 0.5%,相应的速度变化是 0.25%。当试验段内的速度分布不符合要求时,可以采取一些措施进行调节。如:调节导流片,以改变进入低压区的气流;在风洞最大截面上加装整流罩;当速度分布为环形时,可以用改变螺旋桨毂整流罩直径的办法。图 8-25 为通过整流而改善速度的分布状况。

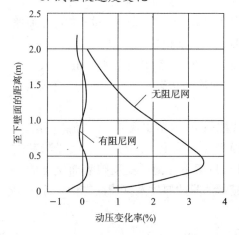

图 8-25　整流后试验段的速度分布

2. 试验段流向变化

当风洞的气流偏角大于 $\pm 0.5°$ 时,将使载荷分布出现较严重的畸变,不能进行精确的风洞试验。当出现这种情况时,必须选定试验速度,并且调节导流叶片和反扭叶片以获得该速度下的均匀气流,将气流偏角控制在要求之内。

3. 纵向静压梯度

为了进行必要的升力修正,必须测量沿着试验段纵向的静压梯度。方法是:用一根皮托管顺次地从收缩段一端移动到扩散段一端,并读取当地静压。测量时,必须把皮托管正对着气流,并尽量避免皮托管架引起任何的附加静压。另外,也可以沿着风洞中心线安装一根静压导管,使导管上静压孔间距相等,成螺旋状分布,为了便于读取测量值,可以把这些静压孔连接到一个多孔压力计上。

8.6 流态显示试验方法

流态显示是借助于各种手段使绕模型的流动显示出来的试验方法,是汽车空气动力学研究的重要手段之一。流态显示试验既可以在风洞中进行,也可以在道路上用实车进行。

在道路上行驶的汽车,周围的流场极其复杂,它是具有分离、再附着并且具有涡流的复杂的三维流动。为了保证设计的汽车具有最佳的气动特性,必须详细地分析其流场特性。通过流态显示可以对流场进行定性分析,再与六分力测量和压力测量相结合,便能够了解流场的机理。

汽车空气动力学的流态显示试验是借助于各种手段,对难以直接观察的汽车流动显示出来的方法。汽车空气动力学的流态显示能够真实的模拟车辆行驶时产生的现象,如车窗上水滴流动和灰尘沉积等。

8.6.1 汽车表面流态显示

1. 油膜法

油膜法(图8-26)是将不易挥发的黏度较大的油与带有一定颜色的指示剂均匀混合,而后将其均匀喷涂在试验模型的表面上。油的常用原料由液体石蜡、油酸和氧化钛、氧化锌、氧化铝或石墨按一定的比例混合而成。在模型表面上产生油流图后,根据油流图就可以判断出流场的流动状况。层流的图像是油膜被吹走或沿气流方向出现均匀而细微的条纹;湍流的图像是出现较粗的沟条或类似木纹形状的条纹;在分离区,形成油膜堆积带;在死水区,油膜基本不变化;在涡流区,呈现螺旋状旋涡痕迹。油膜法使表面流谱清晰可见,并在风洞停止吹风后一段时间内保持其表面流谱,油膜法形象地揭示了物体的表面流动状态。进行试验时,应根据气流的速度、气温等合理选择油流的黏度。

此外,人们把荧光物质混合在油膜里,使其在紫外线照射下,显示出荧光,在气流作用下可以清晰的显示出流态,被称为荧光油膜法。试验前,在模型表面涂上一层有机油、荧光粉和丙酮等,试验时,在气流的剪切作用下,油层挥发或被吹掉,只留下一薄层能反映表面流态的油膜,其牢固地黏附在模型表面并发出荧光,可以清楚地显示油膜的厚度及气流的方向。应该用录像的方法记录油膜的形态,以便分析。

2. 丝带法

丝带法(图8-27)使用方便,可以用来观察汽车表面的流动状态、尾流流态以及涡流流态。其显示原理是:丝带质轻而柔软,将其一端固定在车身表面,另一端便能顺着气流的方向摆动。丝带法简单方便,各点流态清晰可见,但由于丝带本身的质量和惯性,与真实流态略有差异。在层流边界层内,丝带顺着气流方向几乎不变;在转捩点后,丝带有明显的抖动;在分离区内,丝带抖动激烈,并呈明显的卷曲。通常选用轻柔的绸带和细小的丝线,丝带的长度和间距根据模型部位和流场的复杂情况确定,长度一般为 50～100mm,间距一般为 5～10mm。在流场较为复杂的部位,应该采用较短的丝线,间距也应较小,在结构变化小、流动比较简单的表面,丝带可以长些,间距也可以适当地增大。丝带法比较清洁,除了在风洞中,在公路试验上也可以使用。为了提供足够的试验数据,要精确地布置 600～800 簇丝带,这需要花费很长时间。

图 8-26　油膜法试验

图 8-27　丝带法试验

丝带法中还有一种网格丝带法可以用来显示空间的流谱。把丝带黏在金属丝框架上,然后把丝带网放到模型周围,根据丝带的流动情况,可以清晰地展现模型周围的气流流态,尤其是模型尾流区的气流流动情况以及旋涡的位置和结构。此外,还有一种荧光丝带法效果较好,把直径数微米经荧光处理的化学纤维的一端固定在模型上,使其另一端顺着气流方向摆动,当丝线受到紫外线照射时,放出荧光,清晰地显示出流动图像。

进行丝带法试验时,由于模型表面布满丝线,对汽车模型的绕流造成影响,因而影响到测力和测压试验的准确性,通常流态显示试验与测力、测压试验分别进行。

8.6.2　汽车周围流场的流态显示

汽车周围的流态显示多采用烟流法(图 8-28)。烟流法是在空气中加入一些人工产生的高可见度的烟,当烟气绕过模型时,通过光的散射和折射显示烟流中微小粒子的运动,从而显示出汽车周围流场的流态。通常是在模型前安装一个或一排细管,从这些细管中将烟注入风洞,产生烟线,从而使绕流模型的烟流清晰可见,以便观察和拍摄照片,烟流法形象地揭示了汽车周围的流场。为了使烟气不散乱,应使气流速度不大并保持层流流态,烟流法的试验风速通常选择在 10～20m/s。烟发生器发出的烟是由悬浮在空气中的极微小的固体或流体粒子组成,应尽力使其浓密而发白,增大可见度,同时烟应无毒,无腐蚀性。

图 8-28　烟流法试验

8.6.3　驾驶室内的流态显示

近年来,乘员对驾驶室内的空调环境要求越来越高,如何提高驾驶室内的舒适性称为重要的研究课题。驾驶室内的气流流态对驾驶室内的环境有重要的影响,汽车空调安装的出口位置、车窗玻璃的位置、乘员座椅空间的布置等,使驾驶室内的空调问题变得非常复杂。驾驶室内的流态显示可以采用丝带法和烟流法和肥皂泡法。

8.6.4 发动机舱内的流态显示

发动机是车内的热源,发动机的热管理成为最近研究的热点。发动机舱内的流动状况是人们关注的目标。发动机舱内的流态显示可以采用丝带法、油膜法、烟流法等(图8-29)。

8.6.5 流态显示解决的实际问题

灰尘和泥土的沉积不仅影响车辆的美观,更重要的是影响车辆的安全。对暴露在雨水和灰尘中行驶的汽车,在设计的早期就应进行流态显示研究,找出应该注意的区域,并采取相应的措施,保障行驶安全。

1. 水流模拟流态显示

在水中加入荧光添加剂,喷射到未受扰动的气流中,试验人员坐在驾驶室内,观察刮水器的刮拭效果,并在试验过程中进行录像以供分析。另一种水流模拟是在车身上涂上可溶于水的涂料,然后把清洁的水从汽车前部喷入气流中,以显示出水流的轨迹,当风和水流停下后,分析水流的痕迹(图8-30)。

图8-29 发动机舱内流态显示

图8-30 水流模拟试验

2. 滑石粉方法

试验前,在车身上有可能沉积灰尘的部位喷上薄薄的一层油,试验时,把滑石粉注入气流当中,由于滑石粉易于附着,根据车身上滑石粉的覆盖情况,分析泥土的附着状态。一般情况下,车身上保持清洁的部位,在公路上行驶时,不会有泥垢附着,轻微附着滑石粉的部位,在公路上行驶时也有可能是清洁的,滑石粉附着严重的部位,容易沉积灰尘和泥浆。

3. 泥土质量分析法

使试验车和一辆参考车在具有特殊泥土的跑道上行驶若干周,拆下变脏的汽车部件并称其质量,用试验车上每单位面积的局部泥土质量与参考汽车后窗中部单位面积上的泥土质量相比,称为泥垢系数,该值越大,泥垢沉积越严重。

8.7 汽车风洞试验模型

汽车风洞试验模型的设计包括:

(1)根据风洞试验段的尺寸,确定试验模型的比例、尺寸;根据几何相似的要求,确定模型的外形加工后允许的尺寸偏差。

(2) 根据试验大纲规定的试验项目,确定模型的结构形式。

(3) 根据估算的空气动力载荷,验算模型的强度和刚度,确定模型的材料。

8.7.1 模型尺寸的确定

为了保证风洞试验时的动力相似,应保证试验雷诺数与实际雷诺数相同,应使试验模型具有较大的尺寸。但模型尺寸受到风洞试验段边界的限制,应该控制在一定的范围内,否则洞壁干扰较大,难以进行修正而影响试验数据的准确性。据此,对风洞试验模型的尺寸做出如下限定:在0°的横摆角情况下,模型的正投影面积不能超过实际试验段面积的5%,模型的高度不超过试验段高度的30%;在最大横摆角时,模型的正投影宽度不得超过试验段宽度的30%。一般情况下,风洞试验模型根据风洞试验段尺寸采用3/8、1/5、1/4、1/10和全尺寸的比例。

8.7.2 模型的外形和结构

风洞试验的模型必须与实际几何相似,外形尺寸按照比例确定下来,但对于进气口、驾驶室内流、边界层等都不能用简单的几何相似来模拟,必须用一些特殊的模拟方法。

1. 进气口与内流模拟

汽车在行驶时,来流一部分从前窗底部进入驾驶室,然后从出口排出,其余大部分气流分别从车身上下两部分流过,通常不发生气流分离。进行常规的测力风洞试验时,汽车模型一般不模拟内流,进气口与出气口都堵死,这样做的结果必将使模型的外部绕流与实际情况不相似。为了改变这种情况,在进气口前边加装一个半球体或者流线型旋转体,这样就消除了分离,保证了流谱的相似。

2. 模型结构

模型与汽车外形几何相似,但模型结构与汽车的结构并不一样,一方面希望模型结构要尽量简单,另一方面模型结构要满足试验大纲规定的试验内容的要求(图8-31)。在试验时,模型除了能用于测量全车的气动力特性外,还要能够用于测量各个部件对空气动力特性的贡献,因此,模型最好是组合式的。对于拐角部分、前部和后部以及处于分离区附近的车灯、后视镜、空气进出口、发动机罩和车门缝等细部造型都应特别注意,而且要模拟车底细部造型,车轮应该模拟成可转动的状态。

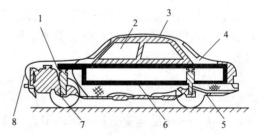

图8-31 汽车模型简图
1-调节悬架及地面间隙攻角和侧攻角的位置;2-玻璃窗;3-内装太阳顶的玻璃钢顶篷;4-可变换的塑料局部车体;5-底盘模型;6-结构骨架;7-发动机和变速器模型;8-实际进气栅

3. 模型的安装

模型安装系统必须有足够的刚度,使偏转力不能引起测量误差。模型必须在地板上按精确的比例高度安装,并且精确地再现原型的姿态。模型与地板及支架与地板不要发生干扰,模型连接天平不应产生太大的气流干扰,修正量要小,轮胎与地板的干扰应由轮胎与地板的间隙模拟或者把轮胎悬起来消除。

4. 模型的材料与加工

汽车风洞试验模型大部分使用优质木材加工而成,如核桃木、楠木和红松等。为了防止变形,在加工前应对木材进行干燥处理,最好把木材加工成10~30mm的方条,然后用黏结剂把它们黏合在一起作为毛坯,这样可以减少模型的变形。对于小而薄的部件也可以全用金属结构。

在汽车外形设计阶段,为了选型时修改方便,可以用高强度泡沫塑料做骨架,用优质油泥做出模型。由于汽车模型大部分是曲面,制造的模型外形必须用标准样板来检验。样板的位置和数量视其外形复杂程度而定。一般来说,曲率变化大的地方要多取几块样板,模型外形的尺寸偏差要在允许的极限偏差之内。

此外,随着数控技术的发展,现在越来越多的模型采用数控机床进行加工,可以整体加工,也可以分块加工,能够保证模型外形的尺寸精度(图8-32)。材料可以选用工程塑料,或者用金属做出骨架,外面用泡沫做出毛坯,机床加工以后,再敷一层油泥,再加工一次。

图8-32 用ABS数控加工的汽车模型

8.8 汽车空气动力学道路试验

8.8.1 用滑行试验测气动阻力系数

滑行试验应该在无自然风、无雨的天气里进行,道路要确保平坦,试验车顶部装设风速仪,以测定风速;在车尾距离车顶风速仪5m的位置处设置五轮仪,以测定滑行距离。试验时要保证轮胎、传动系统温度恒定,在滑行前用滑行初速度80km/h把汽车预热1h。试验时,将汽车加速到一定的速度,待车速稳定后,将离合器切断,使其自由滑行,记录车速、行驶时间和行驶距离等,在同一条件下,要重复5次试验。根据车辆的瞬时减速度,计算出总的阻力,包括轮胎滚动阻力、传动系统阻力和空气阻力。传动系统阻力 F_t 由传动系统试验台测定,车轮的滚动阻力 F_f 由下式确定:

$$F_f = G_0(f_0 + f_{t0}v^2) \tag{8-10}$$

式中:G_0——汽车重力;

f_0——不随速度变化的滚动阻力系数,在轮胎试验台上测定;

f_{t0}——随速度变化的滚动阻力系数,可在底盘测功机上测定,美国SAEJ1263推荐值为 $1.93 \times 10^{-6} (km/h)^2$。

然后从总阻力中减去轮胎滚动阻力和传动系统阻力,得到空气阻力,进而根据气动阻力系数公式求出气动阻力系数。

8.8.2 侧风稳定性试验

1. 用侧风发生器进行侧风稳定性试验

采用侧风发生器人工模拟自然侧风,如图8-33所示,汽车通过侧风带,同时记录车速、汽车通过侧风带后的侧向位移、横摆角速度及侧向加速度等。试验时的车速由定置式或车载式装置进行测定,用光电管记录汽车通过特定点时的信号,求出平均车速。侧向位移采用残迹测定装置测定。该装置是在喷管中注入混着色剂的水,喷管接压力管,当遇到侧风时,管内的液体从喷嘴中喷出,描绘出汽车的侧向位移,喷嘴应放在试验车的重心位置或前后保险杠的中央。横摆角速度和侧向加速度用陀螺仪和加速度计测量,试验时,转向盘一般用半机械式保持法固定。为了提高试验精度,试验前要实测试验车不存在侧风情况下的行驶轨迹,应近似直线,其次,试验应进行多次,取其平均值做为最后的试验数据。

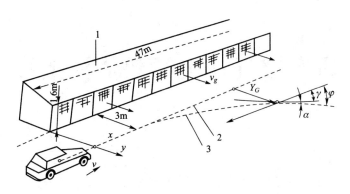

图 8-33 汽车侧风稳定性试验
1-侧风发生器;2-定位线;3-行驶路线

用汽车通过侧向风带的侧向偏移的平均值除以标准偏差,得到汽车侧向位移系数,以此来评价汽车的侧风稳定性。

2. 转向盘修正量的测量

在有稳定侧风吹过的跑道上,试验车以 100km/h 的速度通过一段路程,驾驶员驾驶汽车使其沿着基准直线前进,同时用转向盘修正角度测量器测量转向盘修正的角度,以此计算出转向盘修正量的频度,根据这个结果评价汽车的侧风稳定性。

练 习 题

1. 汽车空气动力学的基本理论和研究方法有哪些?
2. 了解汽车空气动力学的开发程序。
3. 汽车空气动力学试验主要有哪些,分别有何优缺点。
4. 风洞试验的测量方法有哪些,分别适用于哪些情况?
5. 写出汽车风洞按照其气流循环形式的分类,并分别写出其优缺点。画出风洞的简图,写出各部分的构成以及功能。
6. 写出表征风洞特征的基本参数。
7. 写出风洞试验的准则,了解如何满足这些准则。
8. 地面效应的模拟方法包括哪几种,了解其消除边界层干扰的原理。
9. 汽车表面及周围流场的液态显示方法有哪些以及各有什么优缺点?
10. 了解汽车空气动力学道路试验。

第 9 章 汽车空气动力学数值模拟

9.1 CFD 概述

由于计算机的发展,从 1986 年开始汽车空气动力学数值模拟技术得到很大发展,20 世纪 80 年代多用于解析。近年来,由于数值理论、计算技术的进步,数值模拟越来越广泛的应用于汽车产品开发的各个方面。数值模拟方法的重大进步在于突破了传统的复数函数论等古典的流体力学理论,而采用在空间领域内有限分割的(如差分法等)流体数值计算方法。数值模拟已经成为与理论分析、实验研究相并列的流体力学研究方法,也通常被称为计算流体力学方法(Computational Fluid Dynamics,CFD)。

汽车风洞试验从本质上讲,也是一种模拟方法,即通过风洞和汽车(模型)来模拟道路行驶条件下汽车与空气相对运动环境。汽车空气动力学数值模拟一方面可以理解为"数字化风洞"或"虚拟风洞",另一方面,数值模拟还可以研究一些风洞试验难以模拟的情况,比如汽车的超车情况、近距离队列行驶情况,以及非稳态的风环境等。汽车空气动力学数值模拟的目的,并不是为了取代风洞试验,两者是相互促进、相互补充的。

随着计算机技术的飞速发展,空气动力学数值模拟将在新产品开发中起到越来越大的作用,发达国家都把巨型计算机用于空气动力学数值研究,美国和日本等国都花费巨资研制空气动力学数值模拟专用计算设备。现今新车型的开发时间越来越短,利用计算机进行汽车空气动力学数值模拟成为了开发阶段的重要组成部分。在汽车造型概念设计阶段即可分析其空气动力学特性。通常采用 CFD 技术分析第一轮设计方案的空气动力学性能,之后对第二轮设计方案进行空气动力学数值模拟并开始进行小比例模型风洞试验,第三轮开始全尺寸模型风洞试验。在进行风洞试验时,开始测量各种优化方案的结果。CFD 技术的优势是可以充分展示流场的流动结构,有助于研究人员分析出相应试验测试结果的原因,从而能够更高效地发现好的改进方向和方案。

在汽车造型设计,尤其是外形设计中,需要风洞试验工程师、CFD 工程师与造型设计师经常的交流,然而这一过程往往不尽如人意。这是因为想要获得好的空气动力学特性就需要对汽车外型进行修改,但这些修改并不能改变原有的造型风格或造型主题,因此实际工作中的难度是很大的。另一方面,风洞试验和数值模拟的对比也尤为重要,找到结果偏差的原因是一个难题。

汽车空气动力学数值模拟技术将提供越来越友好、越来越方便快捷的人机交互界面,从而使造型设计师与空气动力学工程师的交流更加深入,也会使工作内容相互融合,从而满足市场对新车型的需要。

9.2 汽车空气动力学数值模拟流程

9.2.1 明确模拟目标

进行汽车空气动力学数值模拟首先要明确所要模拟的目标或者说物理问题,根据模拟目标,选定模拟计算范围(通常也称为计算域),确定物理问题对应的控制方程。比如,模拟目标可能是在保证正投影面积不变的情况下实现最小的气动阻力,或者获得进气格栅的最多空气流量等。

通常在分析汽车气动阻力和气动升力的时候,可以不考虑驾驶室的流动情况,一般将其称为外流场的数值模拟(虽然是外流场,但一般要考虑发动机舱的流动情况)。在分析驾驶室内温度分布时,一般不需要考虑外流场,而只是针对驾驶室内空间和空调相关零部件。

9.2.2 计算域的离散化(网格生成)

将已经选定的计算域通过一定数量的体积网格进行离散。对于汽车空气动力学数值模拟,离散化阶段,往往是耗费时间精力最多的阶段。离散化过程的好坏,直接决定着模拟结果的优劣。CFD中的离散化与结构力学中的有限元方法所使用的离散化方法本质上是相同的,都是采用有限个单元来表达几何模型,比如常用三角形来离散平面和曲面。对三维空间的离散,一般可以在表达几何模型的表面网格基础上,生成体积网格。表面网格和体积网格类型有多种,见表9-1。网格分结构化网格和非结构化网格两大类,如图9-1所示。结构化网格是指对于非网格边界位置的每个网格节点,其周围的相邻节点总数量相等。而非结构化网格的每个节点周围的相邻节点总数,通常是不相等的。最常见的结构化网格是四边形和六面体网格。

网 格 类 型   表9-1

网格类型	名称与示意图				
表面网格	三角形	四边形	多边形		
体积网格	三棱柱	四面体	五面体	六面体	多面体	笛卡儿切割体

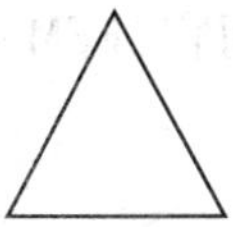

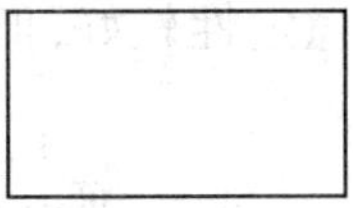

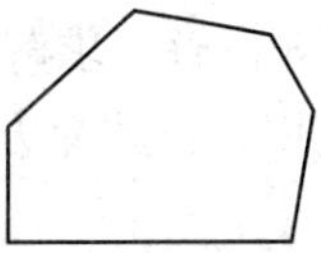

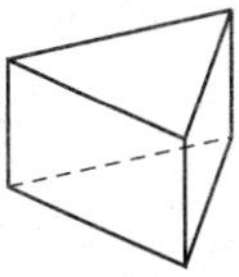

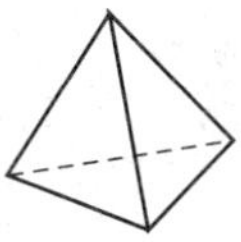

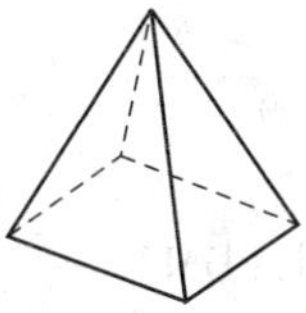

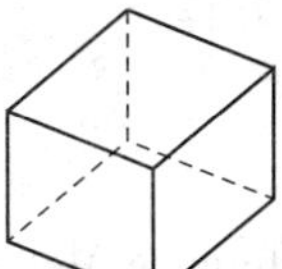

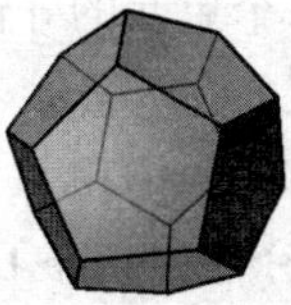

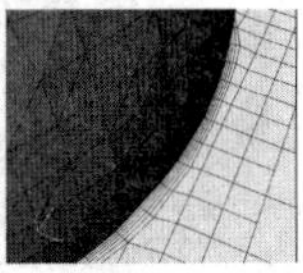

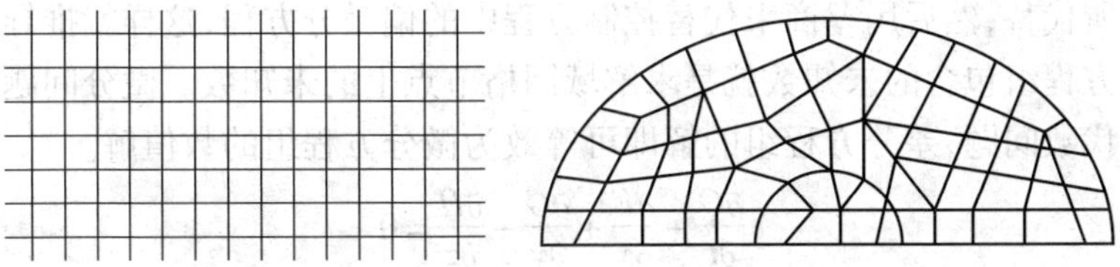

图9-1 结构化与非结构化网格
a)结构化网格 b)非结构化网格

汽车空气动力学数值模拟生成表面网格的一般原则是网格要能够充分表达几何外型,生成体积网格的一般原则是流动变化剧烈的区域网格要致密,尽可能在壁面沿着法向生成边界层网格,致密网格向稀疏网格的过渡过程要平缓,尽量减少网格尺寸的凸变。非结构化网格的自动化生成程度高,由于汽车的几何外形非常复杂,因此对于汽车流场的数值仿真研究,非结构化网格生成是当前的主流。结构化网格常用于简化模型流场和算法验证的研究。

9.2.3 控制方程的离散

将流场控制方程的偏微分格式转化为网格节点上的代数格式,再对代数格式方程进行迭代,最后获得收敛解,从而获得流场信息的过程。对于控制方程的离散化有两个关键问题:即如何假设变量在节点之间的分布以及如何进行离散方程的推导,常用的方法有三种,分别为有限差分法、有限元法及有限体积法。

1. 有限体积法(Finite Volume Method,FVM)

有限体积法在目前流行的 CFD 软件中得到了广泛应用。控制方程在离散的控制体积上求解。将偏微分方程变形为守恒形式,再离散成新的方程。

$$\frac{\partial}{\partial t}\iiint Q \mathrm{d}V + \iint F \mathrm{d}A = 0 \tag{9-1}$$

式中:Q——守恒变量的矢量;
F——通量的矢量;
V——控制体积;
A——包围控制体积的面。

FVM 保证每个控制体积内的通量守恒。FVM 的另一个优点是可以很好地适用于非结构化网格。

2. 有限元法(Finite Element Method,FEM)

有限元法常用与固体结构力学分析中,也可以应用在流体力学中,但需要确保 FEM 的方程的到守恒解。求解 FEM 方程的稳定性较好,但相对与 FVM 而言,FEM 需要更多的内存。FEM 应用计权残差方程:

$$R_i = \iiint W_i Q \mathrm{d}V^e \tag{9-2}$$

式中:R_i——对于每个单元节点 i 的方程残差;
Q——每个单元的守恒方程;
W_i——权;
V^e——单元的体积。

3. 有限差分法(Finite Difference Method,FDM)

有限差分法应用的最早,其方程形式也最易编程。计算域被离散为差分网格,求解域被有限个网格节点所代替,然后用差商来代替控制方程中的偏微分方程,这样就推导出一系列差分方程组。这些方程组包含的未知数就是求解域网格节点上的未知数。微分问题就这样被转化为相对简单的代数问题,差分方程组的解即可等效为微分方程组的数值解。

$$\frac{\partial Q}{\partial t} + \frac{\partial F}{\partial x} + \frac{\partial G}{\partial y} + \frac{\partial H}{\partial z} = 0 \tag{9-3}$$

式中:Q——守恒变量;
F,G,H——在 x,y,z 方向的通量。

FDM 需要采用结构化网格,因此不易处理复杂几何,目前仅用在少数 CFD 软件中。这些采用 FDM 方法的软件可以利用重叠网格方法来实现对复杂几何形体的计算。

4. 格子—波耳兹曼法(Lattice – Boltzman Method,LBM)

格子—波耳兹曼方法与前三种方法不同,它是从微观分子运动论的角度出发,模拟流体的流动过程。前三种方法都是假定流体是连续的,并且在此基础上建立起 N – S 方程,再将其离散化。而LBM恰恰相反，它先假定流体是由离散的微粒组成，这种微粒宏观无限小，微观无限大。这些微粒只有质量没有体积，并且可以向空间任何方向运动。通过其质量守恒、动量守恒，可以得到这样一个密度函数，该函数表征了某个给定的时刻，微粒位于某个指定位置附近的概率。然后，再通过统计的方法，得到该密度函数与宏观运动参数之间的关系。

9.2.4 湍流模型

直接数值模拟方法和非直接数值模拟方法是目前湍流数值模拟的两种主要方法。直接数值模拟方法是指对控制方程直接进行求解，它的优点为不需要再对方程进行任何简化，这种方法得到的结果精确性高。但是它的的缺点也同样显而易见，即计算量大、计算时间长、对于计算机硬件要求高，就目前的情况而言，在工程还不能实现真正的应用。而非直接数值模拟方法是在数值模拟过程中并不去直接模拟湍流的脉动过程，而是对这种脉动过程进行合理的假设和简化，并以某种模型代替真实的脉动过程，根据简化的方法不同，其又可以分为三种方法，即大涡模拟、雷诺平均法以及统计平均法。

1. 直接数值模拟（Direct Numerical Simulation，DNS）

直接数值模拟是指直接对那维尔—斯托克斯方程进行求解。理论上那维尔—斯托克斯方程是封闭的，即未知数的个数与方程个数相等，这样就不需要建立简化模型。在该方法中构造尺寸为科莫（Kolmogorov）尺度级别的网格，直接对非定常的那维尔—斯托克斯方程进行求解。该方程为非定常的，并且由自身随机的扰动来实现初始的扰动。该方法能够准确模拟流体运动的全过程，比如边界层的不稳定流动、非线性的湍流及涡的脱落等。直接数值模拟的优点是精度高，缺点是只能适应于简单的几何模型。而汽车具有非常复杂的几何外形，汽车周围的流场包括很多大大小小的涡，只有当网格的大小足够描述最小的涡的时候，该数值方法才能起到应有的作用。这样过多的网格会使计算量激增，计算时间加长，同时对计算机的硬件要求较高，所以该方法目前不具备工程计算的条件。

2. 大涡模拟（Large Eddy Simulation，LES）

大涡模拟的基本思想是：在空间上将瞬时的湍流运动分解，按大小分为大尺度的涡和小尺度的涡，大尺度的涡在求解时通过非定常的那维尔—斯托克斯方程解到，小尺度涡则通过"亚格子雷诺应力"来影响大尺度涡。虽然大涡模拟方法有很多优点，但是由于要用较小的网格去刻画小涡的运动，因此对网格致密程度要求很高。大涡模拟对CPU及其他硬件的要求相对直接数值模拟要低，但是也只能在工作站来进行计算。

3. 雷诺平均法（Reynolds-Averaged Navier-Stokes，RANS）

雷诺平均法，有时我们并不关心那维尔—斯托克斯方程的瞬时解，而是关心流场在某一时间内的运动趋势。因此，人们很自然的想到求解时均化的那维尔—斯托克斯方程，即雷诺时均方程。雷诺时均方程的优点是不必进行大量的数值计算，因此雷诺平均法已经成为工程上应用最为广泛的数值模拟方法。RANS方程中多出有关的项，我们定义该项为雷诺应力。

其中，实际上分别为6个不同的雷诺应力项，其中包括3个正应力和3个切应力。为了使方程的未知数与方程个数相等，即使方程封闭，有必要用固定的公式表达多出来的未知量之间的关系。这就是所谓的湍流模型，即将湍流的脉动值与时均值进行联系。但是难以用特定的物理定律来表达这种关系，一般用实验得到的经验数据建立湍流模型。目前的湍流模型根据对雷诺应力的假设及处理方法不同，有两大类，即雷诺应力模型和涡黏模型。

1) 雷诺应力模型

在雷诺应力模型方法应用时，一般是建立雷诺应力方程，然后对由雷诺应力方程、雷诺方程、连续方程、标量的输运方程联立的方程组进行求解。一个完整的雷诺应力模型包括雷诺应力的6个方程、k方程和ε方程、1个连续方程、3个动量方程，总计为12个未知量以及12个微分方程。计算时的工作量远远高于代数模型、一方程以及两方程模型，并且对复杂的三维流动，从工程角度考虑，其计算量以及计算所需时间都非常之大。

2) 涡黏模型

在涡黏模型方法中，并不直接对雷诺应力项进行求解，通过引入湍动黏度(turbulent viscosity)或称之为涡黏系数(eddy viscosity)，用湍动黏度的函数来替代湍流应力，因此整个计算关键在于这种湍动黏度如何确定。湍动黏度源于涡黏假定，该假定建立了雷诺应力与平均速度梯度的相互关系。引入涡黏假定以后，计算湍流流动主要就在于湍动黏度的确定。所谓涡黏模型，就是用一定的关系式把湍动黏度μ_t与湍流时均参数进行联系。涡黏模型可以根据确定湍动黏度的微分方程数目来分类，其可以分为：零方程模型、一方程以及两方程模型三种。是目前来说两方程模型是研究中的热门，目前应用最为广泛。目前广泛应用的两方程模型有标准$k-\varepsilon$模型，该模型有Launder提出以及对各种低(或高)雷诺数修正过的$k-\varepsilon$模型，例如RNG $k-\varepsilon$模型和Realizable $k-\varepsilon$模型，在$k-\varepsilon$模型上衍生的$k-\omega$模型和$q-\omega$模型应用也较为广泛。

总之，直接模拟以及大涡模拟方法虽然精度高，但是要求极为致密的网格，计算量大，对CPU及其他计算机硬件的要求也很高，雷诺时均方程对网格数量要求不高，普遍适用于现代的工程应用。

9.2.5 边界条件的确定与迭代求解算法

边界条件是影响汽车空气动力学数值模拟精度的重要因素。很难期待边界条件和真实道路行驶条件完全相同，因为真实道路行驶条件包含了很多信息，温度、气压、环境风速、车重、行驶姿态等，但通常只能获得部分信息，比如进行车速、环境风速的测量，而且带有误差。当前先进的汽车风洞试验技术都在研究如何实现更真实的风环境，比如阵风发生装置。鉴于风洞试验的可控性和可重复性都很好，因此最方便的边界条件是风洞的试验条件，比如试验段风速、温度等。对于驾驶室内流问题，如除霜除雾，就可以采用环境舱试验的条件作为边界条件，而对于不易在风洞中进行的试验，比如两车交会行驶，可以利用CFD技术模拟它们的气动特性，获得具有参考意义的数据。

大部分汽车空气动力学数值仿真问题是不可压或者弱可压问题，因此常用基于压力的求解方法(Pressure-based Solver)。在基于压力的求解方法中常用的压力—速度分离求解算法包括：SIMPLE，SIMPLEC，PISO。一般稳态的问题常用SIMPLE或者SIMPLEC，而非稳态问题，尤其是网格扭曲较为严重的情况下，推荐使用PISO算法。还可以将压力和速度耦合在一起求解，被称为耦合算法(Coupled Algorithm)。

SIMPLE算法的适应性较好，因此使用最为广泛。而对于一些不很复杂的流体问题，比如层流问题，应用SIMPLEC算法可以更快地获得收敛解。在进行非稳态问题求解时，推荐使用PISO算法，尤其是采用较大的时间步长的情况。

9.2.6 后处理与结果分析

汽车空气动力学数值仿真结果的后处理是典型的计算机图形学技术应用。通过将数值仿真模型和结果进行图形化的展示,可以使工程师和设计师更好的理解流动现象,从而为改进设计提供帮助。在非稳态的仿真中,可以使用动画来表达流动的变化情况。随着虚拟现实技术的发展,汽车空气动力学数值仿真的后处理效果将会越来越直观,越来越容易理解。

9.3 模 拟 实 例

此部分内容为针对 Ford C1 模型的外流场进行数值模拟实例。

9.3.1 目标

获得 Ford C1 模型的气动阻力系数、表面压力分布、尾流特征等外流场空气动力学特性结果。

国际各大汽车公司都有自己开发的汽车空气动力学研究参考模型,比如美国 Ford 汽车公司的 C 系列模型,图 9-2 所示为此系列中的 Ford C1 模型。Ford C1 模型表达了阶背式轿车的主要外形特征。

由于 Ford C1 模型是专门为汽车空气动力研究而设计的参考模型,没有车轮、没有底部复杂外形、没有车身附件等零部件,因此几乎不需要针对量产汽车空气动力学分析所进行的几何文件修补与简化过程。需

图 9-2 Ford C1 模型

要注意的是,针对量产车的空气动力学数值仿真,常常需要在几何文件修补与简化过程中花费大量人力与时间。

9.3.2 计算域的离散化(网格生成)

Ford C1 模型是左右对称的,因此仅分析一半模型以减少计算量,建立如图 9-3 所示的计算域,为长方体形状,设研究对象的尺寸为 $L \times W \times H$(长×宽×高)。计算域入口距离车身前端为 $2L$,出口距离车身后端为 $6L$,计算域高度为 $5H$,宽度为 $5W$。

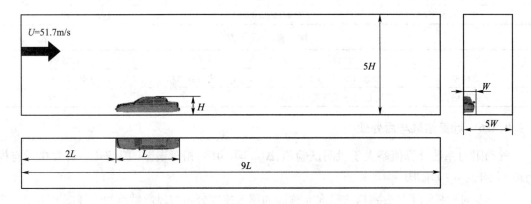

图 9-3 计算域

采用分块方法生成体网格用于外流场的数值仿真,在车身周围使用 O 型网格(O-grid),外侧使用 H 型网格(H-grid),体积单元全部为六面体。车身表面贴体最小单元边长为 3.2mm,边界层首层单元最小高度约为 1.4mm。计算域远离车身的区域最大单元边长为 350mm。网格总数约为 900000,如图 9-4 所示。

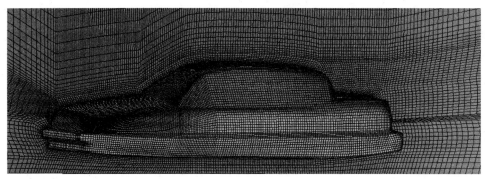

图 9-4 体网格(y_0截面)

9.3.3 控制方程的离散

本实例中使用商业 CFD 软件 Ansys Fluent,此软件对控制方程的离散使用有限体积法。

9.3.4 湍流模型

在 Ansys Fluent 中提供了多种湍流模型,在本实例中使用 RANS 方法中的 Realizable k – epsilon 湍流模型。

9.3.5 边界条件与求解设置

相关研究中进行的此轿车模型风洞试验的风速为 51.7m/s,采用此风速为计算域入口速度。边界条件设置见表 9-2,求解设置见表 9-3。

边 界 条 件 设 置　　　　　　　　　　表 9-2

边界位置	边界条件	设置值
计算域前端	入口(Inlet)	$U = 51.7$m/s
计算域后端	出口(Outlet)	单一出口
车身表面、计算域底面	壁面(Wall)	固定壁面
计算域顶面和侧面	对称(Symplane)	标准对称面
中央对称平面	对称(Symplane)	标准对称面

求 解 设 置　　　　　　　　　　表 9-3

设置项	设置值	设置项	设置值
湍流模型	稳态 RNG $k-\varepsilon$ 模型	计算方法与数值精度	SIMPLE,0.001
空间离散格式	二阶精度迎风格式(LUD)		

9.3.6 计算结果与后处理

气动阻力系数计算值略大于风洞试验值,$\Delta C_D = 0.013$,相对误差约为 7%。计算中没有模拟模型支撑是误差原因之一。

图 9-5 对比显示了驾驶室后方纵向对称面的尾流速度分布与风洞试验的流线图。由于该车型的后窗与垂直方向的夹角较小,经过车顶的气流在车顶后缘发生分离,在驾驶室后方形成了明显的剪切流动现象,在行李舱盖靠近车尾的位置产生了逆向流动。图 9-6 对比显示数值模拟与风洞试验测量的驾驶室后方尾流区横向截面的速度分布,来自车顶与侧窗的气流在尾部汇合形成了较明显的涡流,数值模拟与风洞试验得到的涡流区的位置基本一致。图 9-7 对比了风洞试验中应用油膜法的流态显示与数值模拟获得的表面流迹,可见数值模拟能够反映出主要的流动

特性。图9-8对比了车身纵向对称平面上压力系数C_p的计算值与风洞试验值。可以看出曲线变化趋势定性相同,但是定量数据存在误差,尤其是在行李舱盖位置的定量误差较明显。

通过对比数值模拟结果与风洞试验数据,可以认为RANS方法能够定性的表达流场特性,气动阻力系数计算结果精度也满足工程要求。

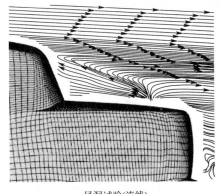 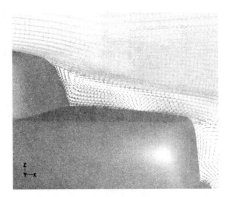

风洞试验(流线)   CFD(速度分布)

图9-5 车身纵向对称面速度分布对比

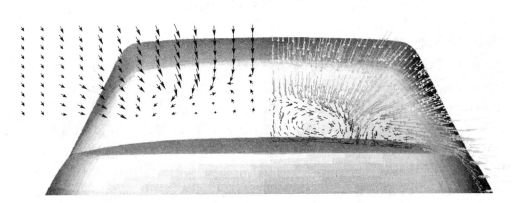

风洞试验   CFD

图9-6 横向截面速度分布对比

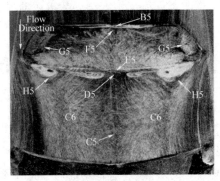 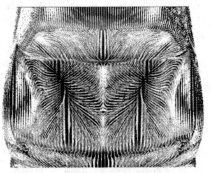

风洞试验(油膜法)   CFD(表面流迹)

图9-7 后窗与行李舱盖表面流态显示对比

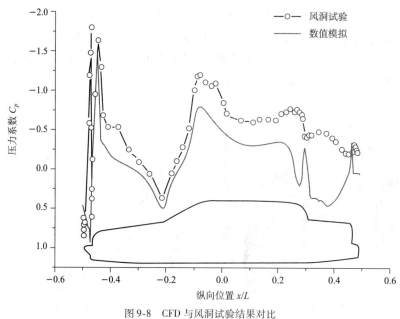

图 9-8 CFD 与风洞试验结果对比

9.4 汽车空气动力学数值模拟的展望

  汽车空气动力学数值模拟目前属于计算机辅助工程(Computer Aided Engineering,CAE)的范畴。为了实现优秀的汽车产品,汽车设计师与 CAE 分析人员需要经常且有效的交流,然而实际过程中并不尽如人意。目前在气动力预测方面,多种商业 CFD 软件的界面已经越来越友好,从前处理、求解到后处理的全过程都已经实现了自动化,可以方便快捷的为设计人员提供参考数据。然而汽车空气动力学数值模拟的范畴并不仅仅限于气动力预测,诸如通风、换气和空调性能、气动噪声、雨水泥土附着、发动机舱热管理等多个方面都需要 CFD 方法。在这些方面的数值模拟工作,CFD 工程师与相关零部件或者系统的设计师和工程师的交流还有很大上升空间。

  另一方面,数值模拟的速度还需进一步提高。目前,定常流动计算的速度,已经可以满足开发周期的需求,比如对汽车气动力的预测。但是考虑到热管理、气动噪声等非定常问题的计算速度,仍然是阻碍数值模拟发挥更大作用的主要因素。

  此外,模拟精度以及模拟结果和试验结果的对比是一个重点内容。影响数值模拟精度的因素很多,其中如何获得正确的数值模拟边界条件是能否获得高精度结果的重要前提,而汽车空气动力学领域的物理数学模型的发展是提高数值模拟精度的核心问题。

练 习 题

1. 三种常用的 CFD 方法是什么?
2. 写出网格的分类与特点。
3. 汽车空气动力学数值模拟网格生成的基本原则有哪些?
4. 为什么需要湍流模型,湍流模型的分类以及各自的特点、各自适用的场合是什么?
5. 目前 CFD 与风洞试验的关系是什么?
6. 谈谈对汽车空气动力学数值模拟的展望。

参 考 文 献

[1] 马芳武.汽车空气动力学[M].北京:机械工业出版社,1993.

[2] 谷正气.汽车空气动力学[M].北京:人民交通出版社,2005.

[3] Karl E. Ludvigsen. The Time Tunnel———An Historical Survey of Automotive Aerodynamics. SAE paper 700035.

[4] SAE. Automotive Aerodynamics Progress in Technology Series, Volume 16, Selected SAE Papers through, 1977.

[5] W. H. Hucho. Aerodynamics of Road Vehicles. Butterworth Co. Ltd, 1987.

[6] R. G. S. White. A Method of Estimating Automobile Drag Coefficients. SAE paper 690189.

[7] 马芳武.红旗CA774轿车模型及其八种改型方案的空气动力性能研究[D].工业大学硕士论文,1988.

[8] Morrelli A. The body shape of minimum drag[R]. SAE Transactions 760186, 1976.

[9] HUANG Xiangdong. New theoretical method of automotive aerodynamics[J]. Chinese Journal of Mechanical Engineering, 1996, 9(2):100-109.

[10] 傅立敏.汽车空气动力学[M].北京:机械工业出版社,1998.

[11] 黄向东.汽车空气动力学与车身造型[M].北京:人民交通出版社,2000.

[12] 王敏.流线型汽车设计风格起源与形成考略[J].装饰,2011(220).

[13] Donald J. Bush, The Streamlined Decade, George Braziller. New York, 1985, P99.

[14] Guilaume de Syon, The Teardrop That Fell From the Sky:Paul Jaray and Automotive Aerodynamics, ITEAJournal 2008; 29, P15.

[15] Guilaume de Syon, The Teardrop That Fell From the Sky:Paul Jaray and Automotive Aerodynamics, ITEAJournal 2008; 29, P16.

[16] Dr Ulrich Hackenberg, Member of the Board of Man-agement of Volkswagen Brand withresponsibility for Research and Development. Aerodynamics Industrial Espionage in the Realm of Nature, Automobiletechnische Zeitschrift, 2012(06).

[17] 蓝天,康宁,郑昊.直背式轿车起动过程中气动现象的研究[J].航空动力学报,2007,22(11):1868-1873.

[18] 傅立敏.汽车空气动力学研究概述[J].国外汽车,1977(4):1-17.

[19] 傅立敏.汽车空气动力学[M].北京:机械工业出版社,2006.

[20] 郑昊,康宁,蓝天.侧风环境下行驶的直背式轿车气动力计算[J].航空动力学报,2007,22(11):1858-1862.

[21] 蓝天,康宁,郑昊.直背式轿车起动过程中气动现象的研究[J].航空动力学报,2007,22(11):1868-1873.

[22] 何忆斌,谷正气,李伟平,等.汽车理想气动形体数字化模型构建及气动性能试验[J].航空动力学报,2010,1000-8055(2010)05-1031-05.

[23] 黄向东.汽车空气动力学与车身造型[M].北京:人民交通出版社,2000.

[24] 黄向东,谢朝林,肖超强.ICAS车身造型方法的风洞试验研究[J].华南理工大学学报

（自然科学版），2000,28(6):6-10.

[25] GB,ZB.汽车术语标准汇编.天津:中国汽车技术研究中心标准化所出版,1990.

[26] （日）武藤真理.汽车空气动力学[M].程正,译.北京:吉林科技出版社,1988.

[27] 徐华舫.空气动力学基础[M].北京:北京航空学院出版社,1987.

[28] 战培国,赵昕.风洞发展现状及趋势研究[J].航空科学技术.2010(4).

[29] 战培国.2025年美国的风洞试验展望[J].实验流体力学.2010(4).

[30] 陈立.关于国内汽车实车风洞试验研究现状和发展的探讨.中国空气动力学学会工业空气动力学会议04论文集.

[31] 张奇,赵又群,杨国权.基于CFD的汽车外流场数值模拟的发展概述[J].农业装备与车辆工程.2005[4].

[32] 张远君.流体力学大全[M].北京:北京航空航天大学出版社,1991.

[33] 罗曼芦.气体动力学[M].上海:上海交通大学出版社,1988.

[34] 郭孔辉.汽车操纵动力学[M].长春:吉林科技出版社,1991,12.

[35] （英）里尔斯基.汽车空气动力学.杨尊正,邹仲贤,译.

[36] 傅立敏.汽车空气动力学数值计算[M].北京:北京理工大学出版社,2001.

[37] 杜广生.汽车空气动力学[M].北京:中国标准出版社,1999.

[38] T. Morel. Aerodynamic Drag of Bluff Body Shapes Characteristic of Hatch-Back Cars. SAE paper 780267.

[39] Teruhisa Tsukada. Aerodynamic Characteristics of SubaruXT. SAE paper 860216.

[40] R. . M. Santer, M. E. Gleason. The Aerodynanuc Developmen of the Probe IV Advanced Concept Vehicle. SAE paper 831000.

[41] A. F. Costelli. Aerodynamicp Characteristics of the Fiat UNO Car. SAE paper 840297.

[42] Albert R. George. Automobile Aerodynamic Noise. SAE paper 900315.

[43] 傅立敏.轿车地面效应的数值模拟[J].吉林大学学报(工学版),2003(2).

[44] 傅立敏.汽车流场及尾部涡系数数值模拟[J].吉林工业大学自然科学学报,2000,30(2).

[45] J. Williams. An Automotive Front -End Design Approach for Improved Aerodynamics and Coding. SAE paper 850281.

[46] Richard A. Drollinger. Heavy Duty Truck Aerodynamics. SAE paper 870001.

[47] W. W. Gregg. GMC Aero Astro Body Panels. SAE paper 831003.

[48] Alan T. McDonald, George M. Palmer. Aerodynamic Drag Reduction of Intercity Buses. SAE paper 801404.

[49] 傅立敏.小公共汽车空气动力特性的试验分析[J].汽车技术,1980(3).

[50] 傅立敏.降低国产汽车的气动阻力研究[J].第五届全国汽车年会论文.1987.

[51] 杜广生,杨绍华.厢式货车的气动附加装置及其减阻机理的分析[J].汽车技术.1994(5).

[52] 刘畅,刘方,安忠柱.汽车空气动力学在重型载货汽车上的新进展[J].拖拉机与农用运输车.2007,34(5).

[53] Gaylard AP and Duncan B. Simulation of Rear Glass and Body Side Vehicle Soiling by Road Sprays, SAE Technical Paper 2011-01-0173, 2011, doi:10.4271/2011-01-0173.

[54] Thomas Hagemeier, Michael Hartmann, Dominique Thevenin. Practice of vehicle soiling inves-

tigations --A review[J]. International Journal of Multiphase Flow,2011.

[55] Cristian M,Maurizio P,Alfredo S. Influence of gravity and lift on particle velocity statistics and transfer rates in turbulent vertical channel flow [J]. International Journal of Multiphase Flow,2006.

[56] Kim,M.-H. Numerical Simulation on the Aerodynamic Characteristics Around Corner Vane of a Heavy-Duty Truck [J]. SAE Technical Paper 2000-01-3499,2000,doi:10.4271/2000-01-3499.

[57] Bannister,M.,"Drag and Dirt Deposition Mechanisms of External Rear View Mirrors and Techniques Used for Optimisation,"SAE Technical Paper 2000-01-0486,2000,doi:10.4271/2000-01-0486.

[58] 杨博. 汽车外部空气动力噪声研究[D]. 吉林大学博士学位论文. 2008.

[59] 徐永定. 关于汽车、火车风洞试验技术的若干问题. 北京:北京空气动力研究所,1984.

[60] Mark Bannister Volvo Car Corporation Drag and Dirt Deposition Mechanisms of External Rear View Mirrors and Techniques Used for Optimisation[C] 2000-01-0486.

[61] John Anderson Computational Fluid Dynamics[M]. McGraw-Hill Science/Engineering/Math; 1 edition (February 1,1995),ISBN-10:0070016852,ISBN-13:978-0070016859

[62] Eymard,R. Gallouët,T. R. Herbin,R. (2000). The finite volume method Handbook of Numerical Analysis,Vol. VII,2000,p. 713-1020. Editors:P. G. Ciarlet and J. L. Lions.

[63] K. W. Morton and D. F. Mayers,Numerical Solution of Partial Differential Equations,An Introduction. Cambridge University Press,2005.

[64] Strang, Gilbert, Fix, George (1973). An Analysis of The Finite Element Method, Prentice Hall. ISBN 0-13-032946-0.

[65] Orszag,Steven A. (1970). "Analytical Theories of Turbulence". Journal of Fluid Mechanics. Vol. 41 (1970):363-386.

[66] Smagorinsky,Joseph (March 1963). "General Circulation Experiments with the Primitive Equations". Monthly Weather Review 91 (3):99-164.

[67] Jenkins,L. N. An Experimental Investigation of the Flow Over the Rear End of a Notchback Automobile Configuration. SAE Paper,2000,2000-01-0489.

[71] http://news.ecar168.cn/content/201105/20110531115908489921.htm

[72] http://lib.yctc.edu.cn/car/meiklsl.htm

[73] http://baa.bitauto.com/focus/thread-3969189.html

[74] http://www.topspeed.com/cars/volkswagen/1974-1992-volkswagen-scirocco-history-ar8267.html

[75] http://www.cardomain.com/ride/3226865/1970-opel-gt/

[76] http://www.cs.com.cn/ssgs/qcgs/201307/t20130719_4071912.html

[77] http://www.docin.com/p-547193635.html

[78] http://commons.wikimedia.org/wiki/File:Tatra_87.jpg

[79] http://en.wikipedia.org/wiki/Volkswagen_1-litre_car

[80] http://auto.vogel.com.cn/paper_view.html

[81] http://sports.sina.com.cn/f1/2013-07-28/15556693014.shtml

[82] http://www.info2india.com/cars/car-photos/audi/audi_tt-car-photo-gallery.html
[83] http://baike.baidu.com/view/177397.htm
[84] http://auto.2008.sina.com.cn/news/2004-01-05/54281.shtml
[85] http://www.51cp.cc/product.asp
[86] http://auto.163.com/05/1226/09/25SVSBC2000816HU_7.html
[87] http://www.baike.com/wiki/%E6%B3%95%E6%8B%89%E5%88%A9F50
[88] http://auto.cnfol.com/110816/169%2C1895%2C10493502%2C01.shtml
[89] http://www.chemihui.com.cn/news/n70058.html
[90] http://auto.changsha.cn/h/119/20120220/970720.html